EINE KULINARISCHE BIERREISE

im Herzen Bayerns

Dr. Ute Paul-Prößler · Johann Scheibner

EINE KULINARISCHE BIERREISE

im Herzen Bayerns

UMSCHAU

Auf dem Kötztinger Rosstag

INHALT

ÜBERSICHTSKARTE	9
VORWORT	11
BAYERISCHE BIERTRADITION – GESCHICHTE UND BRAUCHTUM	12
DIE HALLERTAU	16
Schlossbrauerei Au	20
Schlossbräukeller *Schlossbraten*	22
Markt Wolnzach, Deutsches Hopfenmuseum	24
Hopfenpflanzerverband Hallertau e.V.	26
DER HOPFEN IM JAHRESLAUF	27
Zum Bürgerbräu und Bürgerbräu AG *Kalbsbries-Milzwurst mit Hopfazupfasalat*	28
Hopfen-Apotheke	30
Gärtnerei Eickelmann	32
Weinhaus Lutzenburger	33
BAYERISCHE BIERE – REINHEIT UND VIELFALT: Reinheitsgebot, Bierherstellung und Biervielfalt	34
Hofbrauhaus Freising	38
Hofbrauhaus Keller *Spanferkel auf Weißbierjus*	40
Landshuter Hof *Laiberl von Lachsfilet und Zander*	42
Gasthaus zur Linde *Tira-mi-su von dunklem Weißbier*	44
Gasthof Wadenspanner *Kartoffelbrat'l mit Brezenknödel*	46
Hopfenland Hallertau	48

Schloss Ratzenhofen	50
Hopfenveredlung St. Johann	52
Schmidmayer Bräu – Bräustüberl *Kresseomelett mit Spargel*	54
Hopfenzupfermeisterschaft	56
Zum Kuchlbauer *Arnsberger Spargel mit Altmühltaler Lammschinken...*	58
Gasthof und Hotel Eisvogel *Hopfensprossensuppe*	60
BAYERISCHER JURA	62
Klosterschenke Weltenburg *Matjes-Heringsfilet mit Sauerrahm, Äpfeln, Zwiebeln und Dampfkartoffeln*	66
Private Weissbierbrauerei G. Schneider & Sohn GmbH	68
Weißes Brauhaus zu Kelheim *Aventinus-Sabayon*	70

ALTMÜHLTALER LAMM	72
Ritterschänke Burg Randeck *Lammrollbraten an Zitronenthymiansauce*	74
Riedenburger Brauhau Kriegers Bräustüberl *Lammrücken unter der Kräuterkruste*	76
Sperber Bräu	78
Brauereigasthof Sperber Bräu *Kronenbraten „Sperber-Bräu"*	80
Weißes Roß *Bachsaibling auf Brennnessel-Spinat*	82
AN LABER, NAAB UND DONAU – FLÜSSE KENNEN KEINE GRENZEN	84
Schlossbrauerei Eichhofen	86
Brauereigasthof Eichhofen *Saibling im Pilsbackteig*	88
Hotel Gasthof Krieger *Oberpfälzer Wildschweinbraten*	90

INHALT

Kneitinger in Regensburg

DAS MALZ – STÄRKE, AUSSEHEN
UND GESCHMACK DES BIERES 92

Brauerei-Gaststätte Kneitinger 94
Ochsenbrust mit Gemüse...

STADTMAUS GmbH 96

Luise Händlmaier GmbH & Co KG 98

Metzgerei Gierstorfer 100

Gasthaus Goldener Engel 102
Weißwurst-Seminar

KOCHEN MIT BIER:
Kochkunst vom Feinsten 104
*Hopfenspargelsalat mit Lammschinken,
Zu jeder Speise das richtige Bier
und Essen im Biergarten*

Schlossbräu Mariakirchen 108

Gasthof Wasner 110

FERIENLAND AM NATIONALPARK –
NATUR ZUM GENIESSEN 112

Gasthof-Hotel Kamm Bräu 114
Forellenfilet auf Gartensalaten

Hotel-Appartements Gottinger 116
Hausmacher-Sülze

Landgasthof Sitter Bräu 118
Biergulasch

Neureichenau: Sitter Bräu

BRAUEREI-KULTUR-MUSEUM
GUT RIEDELSBACH 120

Bäckerei Pilger 122

BAYERISCHER WALD –
BRAUCHTUM UND TRADITION 124

Pichelsteiner Fest 128
Pichelsteinermahl de anno 1874

1. Dampfbierbrauerei Zwiesel 130

Kochender Bürgermeister 132
*Schweinebraten mit
Dampfbiersauce*

Tiermuseum Pfeifer 134
*Budweiser Bierfleisch
mit Wildreis*

Joska Crystal GmbH und Co KG 136

Kurhotel Adam-Bräu 138
Bodenmaiser Weißbiersuppe

Gasthof Lindner-Bräu 140
Rehbraten

Landshut

Schlossbrauerei Friedenfels GmbH und Schlossschänke Friedenfels *Forellen in Knoblauch-Kräutern*	166
BIERVERKOSTUNG	168
Doemens-Akademie	170
BIER UND GESUNDHEIT – GENUSS IN MODERATEN MENGEN	172
BIER & BAROCK IN OSTBAYERN UND BÖHMEN	174
KULINARISCHE EMPFEHLUNGEN	176
VERZEICHNIS DER REZEPTE	181

Waldschlößl *Doppelbock aus Maxiatorbeize mit Desperados-Polenta...*	142
Gasthof zur Post *Waldschmidt-Teller*	144
Hotel Böhmerwald *Gebeizte Mufflonmedaillons*	146
Drachenstich Festspiele Brauerei Mühlbauer	148
Gasthof zum Bay *Lammschlegerl, im Heu gebraten*	149
Landhotel Brunner Hof *Gemüsetimbale mit Pilzragout*	150
OBERPFÄLZER WALD – NATURSCHÄTZE UND BIERFÄSSER	152
Familienbrauerei Jacob *Forelle „Müllerin"*	156
Brauerei Plank	158
Brauereigasthof Plank	159
Zoigl-Bier	160
BräuWirt *Zoiglbiergulasch*	162
Fische in der Oberpfalz	164

Hallertau

Auf dem Arber

OSTBAYERN UND DIE HALLERTAU

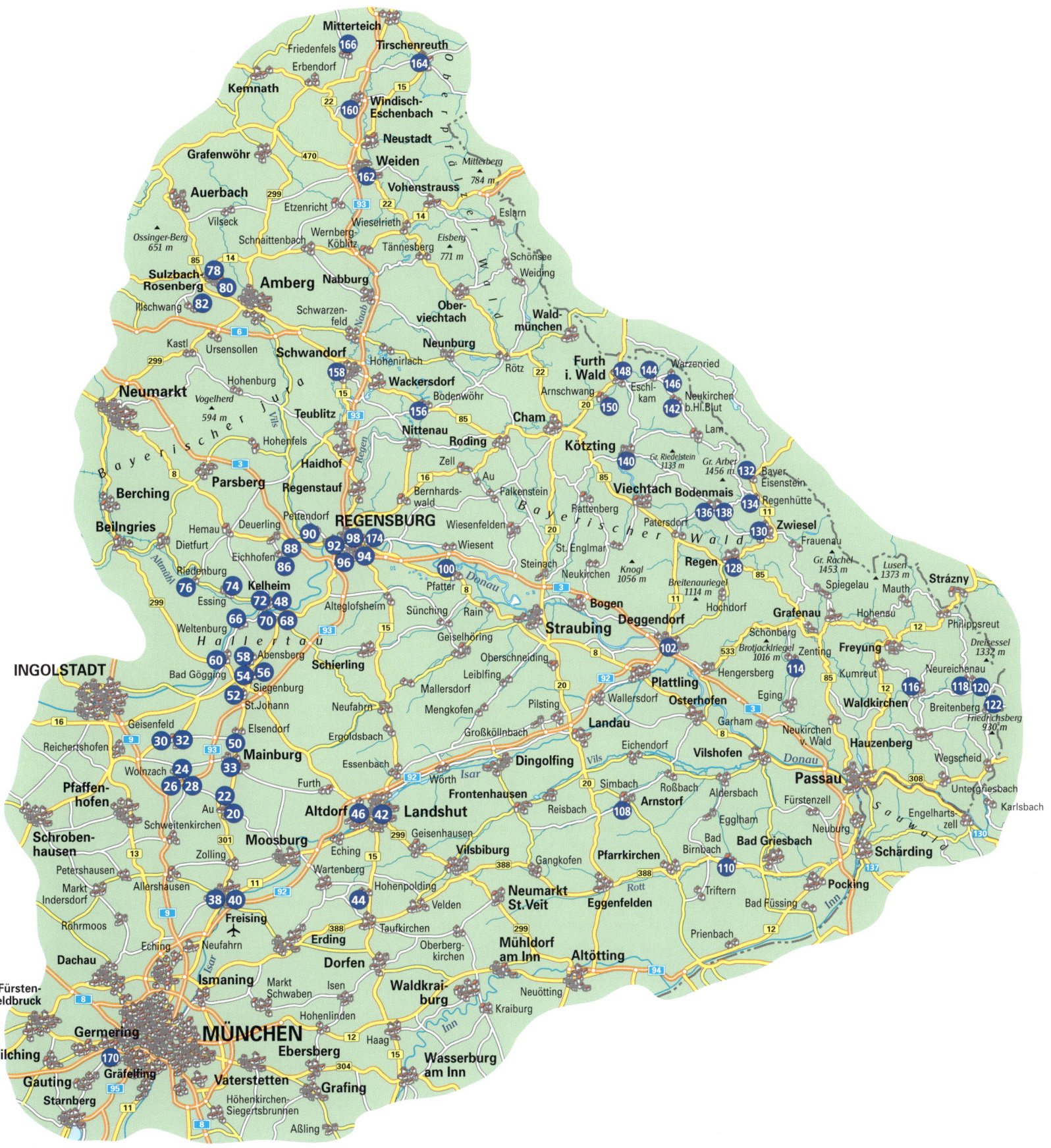

Die Zahlen in der Karte sind identisch mit den Seitenzahlen der einzelnen Betriebe in diesem Buch und bezeichnen ihre Lage.

VORWORT

Bayern ist das Land des Bieres und der Brauereien. Nirgendwo sonst blickt die Brauwirtschaft auf eine so lange Tradition zurück, ist die Zahl der Betriebe und die Vielfalt der angebotenen Biere auch nur annähernd vergleichbar reichhaltig. Rund 4.000 Biermarken stellen Bayerns Brauer getreu dem Bayerischen Reinheitsgebot von 1516 aus nur vier Rohstoffen mit großer Sorgfalt und viel handwerklichem Geschick her – eine Vielfalt, die in der Welt ihresgleichen vergeblich sucht: Die Bayerischen Biere sind einzig in der Welt.

Einzig ist auch die mittelständische Struktur der Branche. Mit rund 640 Braustätten stellt Bayern über die Hälfte aller deutschen und beinahe 40 Prozent aller Brauereien innerhalb der EU.

Jede dieser Brauereien verkörpert ein Stück der kulturellen Identität Bayerns, ein Stück seiner Wirtschaftsgeschichte, eine oft Jahrhunderte alte Tradition. Um so wichtiger ist es, den Reichtum zu erhalten, den diese einzigartige Vielfalt bayerischer Traditionsbraustätten darstellt.

Dass auch die Europäische Union Tradition und Stellenwert des Bayerischen Reinheitsgebotes sehr wohl zu schätzen weiß, hat sie im Juni 2001 unter Beweis gestellt, als sie dem Antrag des Bayerischen Brauerbundes folgte, die Bezeichnung „Bayerisches Bier" als geschützte geographische Angabe einzutragen. Nur Bier, das aus bayerischen Sudkesseln stammt und nach dem Bayerischen Reinheitsgebot gebraut ist, darf auch als „Bayerisches Bier" bezeichnet werden. Was der Champagner unter den Schaumweinen oder der Parmesan unter den Hartkäsen, das ist das bayerische unter den Bieren: Etwas ganz Besonderes.

Um so erstaunlicher ist es, dass selbst bekennende Feinschmecker immer noch ins Stocken geraten, wenn sie die geschmacklichen Eigenschaften unserer bayerischen Bierspezialitäten in Worte fassen sollen. Über 40 Biersorten bieten Bayerns Brauer den Freunden gepflegten Biergenusses an. Jede ist eine Produktpersönlichkeit mit eigenständigem Charakter. Bier ist eben keineswegs gleich Bier! Zur Beschreibung der feinen Unterschiede in Blume, Aussehen und Geschmack reichen wenige Vokabeln, ein kleiner Wortschatz als Orientierungshilfe, als sensorischer Kompass inmitten der betörenden Vielfalt des Bierlandes Bayern. Doch hilft die Fähigkeit, die einzelnen Biersorten beschreiben zu können, nicht nur, um sich die Vielfalt bayerischer Bierspezialitäten zu erschließen, auch bei der Zuordnung der passenden Biersorten zu einzelnen Speisen ist sie unverzichtbar. Speisen und Biere lassen sich so harmonisch kombinieren: Zum Spargelsalat ein leichtes Hefeweizen, zum Schweinsbraten ein Helles und zu dunklem Fleisch und Wildgerichten eher ein malzaromatisches Dunkel, vielleicht ein Schwarzbier. Und der malzbetonte Bock – oder Doppelbock ist ein idealer Begleiter von Süßspeisen oder kräftigen Käsesorten.

Schauen, Riechen, Schmecken – erschließen Sie für sich die Vielfalt bayerischer Bierspezialitäten mit allen Sinnen, tauchen Sie ein, in ein Stück bayerischer Kultur und Lebensart, genießen Sie den besonderen Produktreichtum, den so nur die bayerische Brauwirtschaft zu bieten hat.

Bayerisches Bier ist einzig in der Welt!

Michael Weiß
Präsident des Bayerischen Brauerbundes e.V.

BAYERISCHE BIERTRADITION –

GESCHICHTE UND BRAUCHTUM

Bayerische Biertradition – Geschichte und Brauchtum

Was wäre Bayern ohne Bier? Undenkbar! Die faszinierende Geschichte des Bieres ist zugleich ein gesellschaftliches Porträt, eine Bestandsaufnahme verschiedener Zeitepochen sowie ein Spiegel der Entwicklung von Handwerkskunst und Wissenschaft. Viele Sitten, Bräuche und Feste rund ums Thema Bier sind heute Bestandteil des bayerischen Brauchtums.

Bier ist eng mit der Kulturgeschichte der Menschheit verbunden. Die Wurzeln seiner Entstehung reichen bis zu den Sumerern zurück, die ca. 3000 v. Chr. ein trübes, bierähnliches Getränk aus vergorenem Brot herstellten.

Lange Zeit waren Frauen sowohl für die Brot- als auch für die Bierherstellung zuständig. Freilich gelang das Bier nicht immer zufriedenstellend, zuwenig wusste man über die Möglichkeit, den Gärverlauf zu steuern.

Zur Verbesserung von Geschmack und Aussehen dienten Zusatzstoffe wie Eichenrinde, Gewürzkräuter, Tollkirschen, Hanf und Bilsenkraut. Im Mittelalter verbesserte sich die Bierqualität. Mönche und Nonnen, des Lesens und Schreibens kundig, gingen das Bierbrauen systematisch an und notierten Fehlschläge und Fortschritte. Sie erkannten, dass Bier nicht nur ein erfrischendes, sondern auch ein nahrhaftes, gesundes Getränk ist. Zumal zu diesen Zeiten die Wasserqualität oft zu wünschen übrig ließ und öfters zu Magenverstimmungen führte.

Bier war dagegen toxikologisch einwandfrei. Die strengen Fastengebote veranlassten die Mönche darüber hinaus für die Fastenzeit – getreu dem Motto „Flüssiges bricht das Fasten nicht" – kräftige, nahrhafte Biere einzubrauen.

Um die päpstliche Genehmigung einzuholen, schickten sie ein Fässchen mit dem wohlschmeckenden Starkbier nach Rom. Der beschwerliche Weg über die Alpen, die Temperaturschwankungen sowie die lange Transportzeit blieben nicht ohne Qualitätsauswirkungen. Der Heilige Vater kostete das sauer gewordene Bier, wunderte sich ob des sonderlichen Geschmacks und erteilte kopfschüttelnd die gewünschte Braugenehmigung. Seitdem gibt es in Bayern die fünfte Jahreszeit, die Starkbierzeit.

Mit dem Erlass des Bayerischen Reinheitsgebots 1516, lediglich Wasser, Malz und Hopfen zum Bierbrauen zu verwenden, begann die Epoche des reinen unverfälschten Biergenusses. Bayerisches Bier ist weltweit zum Synonym für hochwertiges Bier geworden.

Die bayerische Biergartentradition stammt aus jener Zeit, als es noch keine maschinellen Kühlmöglichkeiten gab und es Mode wurde, statt des obergärigen, warm gebrauten Weißbieres, untergäriges Helles und Export zu brauen. Die untergärigen Hefekulturen entfalten ihre Aktivität jedoch nur bei frischen 4 bis 9 °C. Das entstandene Jungbier erfordert zudem eine lange, kühle Lagerung. Das Sudjahr wurde auf die Zeit zwischen Michaeli (29.9.) und Georgi (23.4.) beschränkt. Vergoren und gelagert wurde in tiefen Kellern, die durch Natureis gekühlt werden mussten. Natureis zu beschaffen erforderte jedoch viel körperliche Arbeit. Zur Winterzeit, wenn klirrender Frost die Oberflächen von Seen, Teichen, Dorfweihern, überschwemmten Wiesen und Auen gefrieren ließ, zogen Männer mit Hacken und Sägen aus, um aus den dicken Eisdecken schwere Blöcke zu schneiden. Mit Pferdefuhrwerken wurden diese dann in die Bierkeller geschafft. Findige Brauer, die der mühsamen Beschaffung von Eis überdrüssig waren, bauten über ihren Kellern so genannte „Eisgalgen", etwa fünf Meter hohe und bis zu zehn Meter lange Holzgerüste, auf die Holzstämme gelegt wurden. An eisig kalten Tagen wurden diese mit Wasser berieselt, so dass sich lange, schwere Eiszapfen bildeten. Durch Abschlagen „erntete" man sie und ließ sie in die Öffnungen der Lagerräume rutschen, welche mit Erde abgedeckt wurden. Zum Lagern des für den Sommer gebrauten Bieres dienten Stollen, Höhlen oder tiefe Felsenkeller, die von Brauereien oft in Ortsrandlage genutzt wurden. Der längeren Lagerung sowie der Auslagerung verdanken die untergärigen Biere ihre Bezeichnung „Lagerbier".

Um die Keller von der starken Sonneneinstrahlung im Sommer zu schützen, wurden schnellwachsende, großblättrige Bäume, vorzugsweise Kastanien oder Linden, gepflanzt, und der Boden mit Kies ausgelegt. Die entstandenen Gärten erfreuen sich fortan großer Beliebtheit als Ausflugsziele, sehr zum Verdruss der Stadtwirte. Diese sahen in den Biergärten starke Konkurrenz heranwachsen und erwirkten vor Gericht, dass die Brauereien wohl ihr Lagerbier ausschenken, aber keine Speisen anbieten durften. Den Sommerkellerbesuchern erlaubte man daraufhin, ihre eigene Brotzeit mitzubringen. Mit der Entwicklung der ersten Kältemaschine erlöste der Münchner Professor Carl von Linde die Brauereien von der mühsamen, zeitaufwändigen Arbeit der Beschaffung von Natureis. Die Biergärten indes sind geblieben und zum Sinnbild bayerischer Gemütlichkeit geworden.

Bayerischer Brauerbund e.V.

Oskar-von-Miller-Ring 1
80333 München

Telefon 0 89/28 66 04 -0
Telefax 0 89/28 66 04 -99

Nördlich von München erstreckt sich die Hallertau, das größte Hopfenanbaugebiet der Welt, etwa zwischen dem Ampertal bei Freising im Süden, Pfaffenhofen an der Ilm im Westen, Abensberg im Norden und der Laaber bei Rottenburg im Osten. „Hallertau" ist erst seit 1926 der amtliche Name für das Gebiet. Er wurde durch einen Erlass des bayerischen Innenministeriums festgelegt, als die Marktverwaltung Au beantragte, den Ortsnamen „Au in Freising" in „Au in der Hallertau" zu ändern. Im Sprachgebrauch der Einheimischen leben die Begriffe „Holledau" und „Hollerdau" jedoch weiter. Autofahrer kennen den Namen von der ältesten Autobahnraststätte Deutschlands, dem Rasthaus Holledau, an der Autobahn A9. Wer aber nur einen schnellen Blick von der Autobahn aus auf die Landschaft wirft, kann ihre Schönheit nicht erfassen. Die Hallertau ist eine stille Hügellandschaft mit Wäldern, Wiesen, Äckern und Flussauen, die zu Entdeckungsreisen einlädt. Die markanten Gerüstanlagen für den Hopfenanbau aus Holzmasten und Stacheldraht zeichnen geometrische Muster und prägen die Landschaft. Im Winter werfen die Masten lange Schatten über die leeren Felder oder trotzen, zuweilen weiß eingeschneit, starr der Kälte. Im Frühling überzieht der Raps mit seiner leuchtenden Pracht den Boden. Schon bald erwachen die ausdauernden Wurzelstöcke des Hopfens zu neuem Leben und die ersten Hopfenranken schieben sich aus der Erde ans Licht hinaus. Die folgenden Sommermonate vergehen schnell, der Hopfen wächst, will gepflegt und geerntet werden.

Der Hopfenanbau hat mittlerweile viel von der Romantik vergangener Tage verloren. Hopfen ist ein Wirtschaftsgut, das sich auf dem harten Weltmarkt behaupten muss. In der Hallertau hat man schon früh die Zeichen der Zeit erkannt und sich, vor allem in Wolnzach, durch Forschung, Entwicklung, Verarbeitung und Vermarktung einen ausgezeichneten Ruf in Sachen Hopfen geschaffen. Den Grundstein dazu legte die Einführung der Hopfensiegel, wodurch der Hopfen vor Vermischung mit anderen Provenienzen geschützt wird. Die Marktgemeinde Wolnzach erhielt 1834 das erste Hopfensiegel in der Hallertau. Neun Jahre später folgte Au, dann Siegenburg, Mainburg, Geisenfeld, Nandlstadt, Pfaffenhofen, Hohenwart, Rottenburg, Pfeffenhausen, Langquaid und

Geisenfeld

Münchmünster

Siegenburg

Die Hallertau

schließlich Abensberg 1928 sowie Neustadt 1930. Mainburg, der geographische Mittelpunkt der Hallertau, ist Sitz der großen Firmen, die im weltweiten Hopfenhandel tätig sind.

Aus touristischer Sicht ist die Hallertau ein sehr abwechslungsreiches Gebiet, das viele Möglichkeiten der Freizeitgestaltung bietet. Die Menschen sind gastfreundlich und viele Landwirte bieten Ferien auf dem Bauernhof an. Bei schönem Sommerwetter an den hochgewachsenen Hopfenpflanzen vorbeizuradeln ist ein unverwechselbares Erlebnis.

Gut ausgebaute Wege führen von einem schönen Ausblick zum nächsten, und wen es durstet, der kehrt in einem lauschigen Biergarten oder einem zünftigen Wirtshaus ein. Denn mit der Kultivierung des Hopfens geht in der Hallertau die Tradition des Bierbrauens Hand in Hand. Es gibt noch viele Brauereien in der Hallertau und fast jede bietet besondere Spezialitäten an. Viele Betriebe führen Besucher durch ihre Produktionshallen und geben dann Gelegenheit, sich von der Qualität des Bieres selbst zu überzeugen. Für Wissbegierige, Radfahrer und Wanderer bietet der in Mainburg startende 12 km lange Erlebnispfad „Hopfen und Bier", auf 14 Informationstafeln fundierte Informationen über Hopfen, Malz, Hefe und Bier.

Wer es eher besinnlich mag, der wird sich an den vielen sakralen Denkmälern erfreuen, die in Wald und Flur zu finden sind. Feldkreuze, Marterl, Kapellen und Kirchen zeugen von der tiefen Frömmigkeit der Menschen. In der mittleren Hallertau sind die Wallfahrtskirche in Lohwinden, die Brünnlkapelle in Tegernbach, die Stadtpfarrkirche in Geisenfeld sowie der historische Ortskern von Rohrbach sehr sehenswert.

Volksfeste sind ein Teil des Brauchtums in der Hallertau. Ob das Hallertauer Volksfest in Wolnzach, der Gallimarkt in Mainburg oder der Gillamoos in Abensberg – jedes Jahr wird ausgiebig gefeiert.

Lohwinden

SCHLOSSBRAUEREI AU-HALLERTAU

Schlossbrauerei Au-Hallertau

Schlossbräugasse 2
84072 Au i. d. Hallertau

Telefon 0 87 52/86 32 -0
Telefax 0 87 52/86 32 -30

Mit der Schlossbrauerei Au im Herzen der Hallertau, etwa 20 km nördlich von Freising, wollen wir unsere Kulinarische Bierreise beginnen. Eingebettet in die liebliche Landschaft der Hallertau, in der das Auge von Hügel zu Hügel schweifen kann, sich im Frühjahr an leuchtend gelben Rapsfelder, im Sommer an üppigen Hopfenpflanzen und im Winter an der Geometrie der Gerüstanlagen für den Hopfenanbau erfreuen kann, liegt die Marktgemeinde Au. Ihre Geschichte ist unzertrennlich mit dem Schloss Au verbunden. 1349 wurde dem Ort Au durch Herzog Stephan II. das Marktrecht verliehen. 1544 begann die Errichtung des Schlosses, welches im 15. und 16. Jahrhundert als Jagdschloss der bayerischen Herzöge diente. Deren beeindruckende Jagd-Trophäen-Sammlung dokumentiert noch heute ihre Passion. Sie ist die größte private Sammlung ihrer Art in Deutschland und schmückt die Wände des großen Jagdsaals, welcher heute zu besonderen Anlässen öffentlich zugänglich ist.

Geschichtsbücher weisen 1590 als Gründungsjahr der Brauerei aus. Den Bedarf an Hopfen deckte damals ein Hopfengarten, den die Gutsherrschaft speziell für die Brauerei anlegen liess. Die Auer Schlossherren waren ab diesem Zeitpunkt auch maßgeblich daran beteiligt, den Hopfenanbau zu verbessern und auszuweiten. Der Bau des Brauereigebäudes erfolgte 1793. Seit 1846 ist das Schloss im Besitz der Freiherren Beck von

Au i. d. Hallertau

Peccoz, heute in der Person von Eugen Beck Freiherr von Peccoz mit seiner Familie. Seine Kinder, Caterina und Michael, führen das Familienunternehmen erfolgreich in der 6. Generation.

Als zweite Stadt nach Wolnzach erhielt Au 1845 das Siegelrecht für Hopfen. Fortan wurde dem auf der Gemeindemarkung angebauten Hopfen durch Versiegelung der Hopfensäcke Qualität und Herkunft bescheinigt, um ihn von Hopfen anderer Gegenden zu unterscheiden. Zudem bekam jeder Sack einen mit fortlaufender Nummer versehenen Waagschein, der vom Bürgermeister persönlich unterzeichnet war.

Getreu nach dem Motto: „Der Tradition verbunden, dem Fortschritt verpflichtet" hat sich die Schlossbrauerei Au-Hallertau ständig dem Lauf der Zeit angepasst. Um 1900 wurden etwa 12 000 hl Bier im Jahr gebraut. Teile des Kellers dienten als Eiskeller, um das für die Herstellung von untergärigem Bier und der Lagerung des fertig gebrauten Bieres notwendige Eis über Monate hinweg zu lagern. 40 bis 50 Arbeiter sägten dazu im Winter das Eis aus dem Schlossweiher und anderen drei Weihern und brachten es mit den Fuhrwerken der Wirte in den Eiskeller. Im milden Winter 1901/02 wurde das Bier trüb und sauer, da der Keller zu warm war. Erst 1917 brachte die Anschaffung der ersten Eismaschine Abhilfe.

Heute präsentiert sich die Brauerei als moderner Betrieb und auf dem neuesten technologischen Stand. Das heutige Sudhaus hat mit romantischer Atmosphäre nichts mehr zu tun; vollautomatische Anlagen stellen sicher, dass 40 000 l Bier pro Tag gebraut werden. Bayerische Braukunst auf höchstem Niveau spiegelt sich im gesamten Sortiment wieder. „Holledauer Weisses", gut zu erkennen an dem weißen, aufrecht stehenden Steinbock vor tiefblauem Hintergrund hinter einer stilisierten flachen Schlossmauer, ist das spritzige, naturbelassene und unfiltrierte Weißbier der Schlossbrauerei Au. Im hauseigenen Schlossbräukeller kommen nur die Spezialitäten der Brauerei, die naturtrüben Kellerbiere, zum Ausschank: das „Holledauer Weisses", das unfiltrierte Helle und das unfiltrierte Dunkle.

Das Bier der Schlossbrauerei Au-Hallertau wird in ausgewählten Gastronomiebetrieben der Region ausgeschenkt und ist in Getränkemärkten im Umkreis von 50 km zu bekommen. Für Interessierte bietet die Schlossbrauerei Au-Hallertau Führungen durch die Brauerei an. Beste Gelegenheit also, um auch im Schlossbräukeller in fröhlicher Runde einzukehren.

SCHLOSSBRÄUKELLER AU-HALLERTAU

Schlossbräukeller
Au-Hallertau

Schlossbräugasse 2
84072 Au i. d. Hallertau

Telefon 0 87 52/98 22
Telefax 0 87 52/86 90 22

In den Gewölben der ehemaligen Malztenne der Schlossbrauerei Au-Hallertau entstand 1989 der idyllische Schlossbräukeller. Dem Bau vorausgegangen war der Wunsch nach einer eigenen Gastronomie, um Einheimische und Besucher vor Ort nach guter altbayrischer Art bewirten zu können.
Die Öffnungszeiten entsprechen ganz dem Rhythmus einer bayerischen Wirtschaft: Dienstag bis Donnerstag ab 17 Uhr und Freitag bis Sonntag von 10 bis 1 Uhr in der Nacht. Wer vor Ort ist wenn die Tür zum Kellergewölbe aufgesperrt wird, der erlebt einen Raum, der eine angenehme Ruhe ausstrahlt; es ist, als schalte man innerlich ein Gang zurück und ließe die Alltagssorgen am Tageslicht. Die Ruhe freilich wandelt sich sobald die Gäste kommen, und bald erfüllt fröhliches Stimmengewirr das Gewölbe, immer wieder unterbrochen durch das Anstoßen der Biergläser: „Prost". Nach guter alter Tradition verdeckt keine Tischdecke das schöne Holz der Tische, ein Korb frischer Brezen steht bereit und das Essen kann man sich selbst an der übersichtlichen warmen Theke aussuchen.
Direkt über dem Schlossbräukeller befindet sich ein weiterer Raum, der ebenfalls gerne für Gesellschaften genutzt wird: das „Alte Sudhaus". Hier findet der Gast das Flair der

Au i. d. Hallertau

Schlossbraten

Zutaten

1 durchwachsenes Wammerl
mittelscharfer Senf
Knoblauchpaste
Salz, Pfeffer
frische Zwiebelwürfel
frisch gehackte Petersilie

Zubereitung

Das Wammerl an der Längsseite mittig aufschneiden und aufklappen. Mit Senf und Knoblauchpaste einstreichen, salzen und pfeffern.

Zwiebelwürfel und Petersilie darüber streuen. Von der Fleischseite her aufrollen und binden. Auf der nun außen liegenden Fettseite nochmals mit Salz und Pfeffer würzen. Die Rolle aufspießen und im Grill – je nach Gewicht – ca. 50 Min. bei 180 °C braten. Die letzten 8 bis 10 Min. die Temperatur auf ca. 210 °C erhöhen, damit eine wirklich „resche" Kruste entsteht. Dazu hausgemachten Kartoffelsalat servieren, der gemäß der Jahreszeit mit Gurken, Feldsalat oder Friseesalat gemischt werden kann. Es passen aber auch Semmelknödel gut dazu.

alten Brauerei. Man sitzt neben den Original Sudkesseln, in denen noch vor wenigen Jahren gebraut wurde, und verspürt einen Hauch von Nostalgie.

Dieser etwa 90 Personen fassende geschichtsträchtige Raum ist zugleich ein wertvolles Museum, denn an den Wänden hängt die größte Sammlung Bayerns an Brauerei-Email-Schildern. Beim Betrachten der Schilder können Fachleute stundenlang Geschichten erzählen, schließlich sind es wahre Zeitdokumente, die den Stellenwert des Bieres und der verschiedenen Brauereien für die Menschen dokumentieren.

An schönen Tagen lockt der Biergarten die Gäste von nah und fern an. Unter dem schönen Bestand von alten Kastanien stehen nicht etwa einfache Biertische in grellen Farben, nein, die guten alten klassischen Klappstühle, Ton in Ton mit den braunen Baumstämmen, laden an den Tischen zum Verweilen ein.

Auch der Schlossgarten ist sehenswert. Mit seinen barocken Elementen, seltenen Sträuchern und dem alten Baumbestand ist er ein wahres Schmuckstück, dessen Pforten zu besonderen Festen geöffnet werden. Zu Pfingsten etwa feiert die Brauerei über mehrere Tage das Holledauer-Weisses-Pfingstfest. Der Auftakt zum Auer Hopfenfest – alljährlich am letzten Juli-Wochenende – findet traditionell im Biergarten der Schlossbrauerei statt. Hier zapft der Bürgermeister in Anwesenheit von Prominenz aus Politik und Wirtschaft sowie der amtierenden Hopfenkönigin das erste Fass an, und bittet anschließend in die Hopfenhalle des Marktes zum feiern; mit dem Bier der Schlossbrauerei, versteht sich.

MARKT WOLNZACH

Markt Wolnzach

Marktplatz 1
85283 Wolnzach

Telefon 0 84 42 / 65 10
Telefax 0 84 42 / 65 34

Deutsches Hopfenmuseum Wolnzach

Telefon 0 84 42 / 75 74
Telefax 0 84 42 / 71 15

Im Herzen der Hallertau, von München in Richtung Regensburg kurz hinter dem Autobahndreieck Holledau, liegt die Marktgemeinde Wolnzach auf dem Gebiet des Landkreises Pfaffenhofen an der Ilm. Rund ein Viertel der Gemeindefläche besteht aus Hopfengärten und viele Wolnzacher leben direkt oder indirekt vom Hopfenanbau. Wolnzach wurde um 1900 zum deutschen Hopfenzentrum und hat maßgeblich zur wirtschaftlichen Entwicklung der Region beigetragen. Heute ist Wolnzach Sitz des „Haus des Hopfens" (siehe Seite 26) sowie des Hopfenforschungsinstituts im Ortsteil Hüll.

Die Stadt Wolnzach schmückt sich mit der barocken Pfarrkirche St. Laurentius, die auch als „Dom der Hallertau" bekannt ist. Sehenswert ist zudem das am annähernd quadratischen Marktplatz gegenüber der Pfarrkirche stehende Rathaus, in dem einst der Hopfen gewogen und gesiegelt wurde. Seine grüne Farbe entspricht diesem „grünen Gold" der Hallertau.

Um die jahrhundertealte Kulturgeschichte des Hopfens auch für spätere Generationen verständlich zu machen, befindet sich in Wolnzach das Deutsche Hopfenmuseum. Das 1000 Quadratmeter große Museum auf dem Gelände eines vormals landwirtschaflichen Anwesens in Wolnzach ist im Eingangsbereich einem Hopfengarten nachempfunden. Zahlreiche Exponate, von alten Hopfengeräten und -maschinen über Bekleidungsstücke

WOLNZACH

bis hin zu Dokumenten, vereinen sich zu einer unterhaltsamen, informativen und abwechslungsreichen Dokumentation längst vergangener Zeiten.

Bis zur offiziellen Eröffnung des Museums kann man die Ausstellung auf Anfrage besichtigen.

Wer sich an der frischen Luft über Hopfen informieren will, dem sei der „Hallertauer Lehrpfad" empfohlen. Er beginnt am Ortsausgang von Wolnzach Richtung Rohrbach am Parkplatz am Lohwindener Weg und lädt auf 4 Kilometer Länge ein, die bäuerliche Hallertauer Kulturlandschaft kennen zu lernen und zu erleben. Etwa 26 Lehrtafeln über die Hopfenpflanze, ihren erwerbsmäßigen Anbau, ihre Verwendung aber auch über die Bedeutung des Waldes mit seinen verschiedenen Baumarten und die Bedeutung der Landwirtschaft informieren umfassend über die Landschaft der Region. Der Weg lässt sich bequem zu Fuß ablaufen oder mit dem Fahrrad befahren und bietet immer wieder herrliche Ausblicke auf das Wolnzachtal. Lohwinden mit seiner berühmten Wallfahrtskirche, einer der schönsten Dorfkirchen Bayerns, lässt sich leicht über den Hallertauer Lehrpfad erreichen.

Jährlich in der ersten Augusthälfte, bevor die arbeitsintensive und anstrengende Zeit der Hopfenernte beginnt, findet in Wolnzach das Hallertauer Volksfest statt. Eine gute Woche lang wird gefeiert, getanzt, gelacht und dabei natürlich auch das eine oder andere Bier getrunken.

Ein gesellschaftlicher Höhepunkt ist die Wahl der Hopfenkönigin, ihrer Stellvertreterin und der Hopfenprinzessin. Zur Wahl können sich nur Töchter von Hopfenpflanzern aus den Hallertauer Siegelbezirken stellen, die das 18. Lebensjahr erreicht haben. Gewählt wird in der großen Festhalle und damit alles seine Ordnung hat, darf nur derjenige wählen, der einen Sitzplatz an den Biertischen erhält.

Genau 2500 Stimmkarten sind jedes Jahr in jedem der zwei Wahlgänge zu vergeben und so wundert es nicht, dass die Halle schon weit vor der eigentlichen Wahl voll besetzt ist. Der Geräuschpegel ist entsprechend hoch und die Musik hat alle Mühe, sich Gehör zu verschaffen. Um auch noch den letzten Unentschlossenen von der eigenen Person zu überzeugen gehen die Kandidatinnen in ihren Dirndlkleidern nach einer kurzen Ansprache auf der Bühne von Tisch zu Tisch und stellen sich persönlich vor. Das kann in Arbeit ausarten, denn die Stimmung in der Halle wächst von Stunde zu Stunde. Kurz vor Mitternacht sind meist die Stimmen ausgezählt und die neue Hopfenkönigin wird gekrönt. Ihr steht ein arbeitsreiches Jahr bevor, denn als Repräsentatin des Hallertauer Hopfens wird sie viele Termine im In- und Ausland wahrnehmen.

HOPFENPFLANZERVERBAND HALLERTAU e.V. WOLNZACH

Hopfenpflanzerverband Hallertau e.V.

Kellerstraße 1
85283 Wolnzach

Telefon 0 84 42/95 72 -00
Telefax 0 84 42/95 72 -70

Der Hallertauer Hopfen genießt einen ausgezeichneten Ruf und wird in über 100 Ländern zum Bierbrauen verwendet. Im Hopfenpflanzerverband Hallertau e.V. sind die Hopfenpflanzer des größten Hopfenanbaugebietes der Welt organisiert. Der Verband hat es sich zur Aufgabe gemacht, seine Mitglieder kompetent zu beraten und ihre Interessen nach außen zu vertreten. Dabei geht es u.a. um Verhandlungen von Hopfenlieferungsverträgen, Europäische Hopfenmarktordnung, Absatzförderung, Marktberichterstattung, jährliche Ernteeschätzung, Steuer- und Rechtsfragen, Qualitätssicherung, Hopfenzertifizierung, Pflanzenschutz sowie die Beschäftigung ausländischer Saisonarbeitskräfte. Darüber hinaus vertritt der Verband die Interessen der Hallertauer Hopfenpflanzer im Internationalen Hopfenbaubüro (IHB) und gestaltet die Öffentlichkeitsarbeit. Für die Umsetzung seiner Ziele arbeitet der Hallertauer Verband eng mit dem Verband Deutscher Hopfenpflanzer e.V. zusammen; die Geschäftsführung beider Verbände liegt in einer Hand. Vor kurzem wurde das neue „Haus des Hopfens" eingeweiht, das als einzigartiges Kompetenzzentrum für Hopfen gilt. Unter dessen Dach sind alle erzeugernahen Organisationen vereint, die sich mit dem Anbau und der Vermarktung von deut-

schem Hopfen beschäftigen. Neben den erwähnten sind dies auch die Hopfenverwertungsgenossenschaft e.G (HVG), das Hopfenforschungszentrum Hüll in Gestalt des LfL Pflanzenbaus – Produktionstechnik Hopfen –, der Hopfenring Hallertau e.V., der Verlag Hopfen-Rundschau sowie der Erzeugerring für Qualitätshopfen Jura e.V. Diese Kooperation auf der Erzeugerseite stärkt die Wettbewerbsfähigkeit und die Marktposition gegenüber den Handelspartnern. Es bleibt abzuwarten, ob und wann die Europäische Union den Begriff „Hallertauer Hopfen" als geschützte geographische Angabe zulässt.

DER HOPFEN IM JAHRESLAUF

Der Hopfen will jeden Tag seinen Herrn sehen, besagt ein altes Sprichwort in der Hallertau.

Im Winter müssen die Anleitdrähte für die nächste Saison an der von Holzmasten gestützten Drahtanlage befestigt und dann einzeln im Boden verankert werden.

Im Frühjahr, wenn neues Leben in den ausdauernden Wurzelstöcken erwacht, wird die Erde „aufgedeckt", weggeackert, und die Wurzelstöcke „angeraint", auf Einheitshöhe geschnitten. Der Hopfen fängt dann an zu wachsen und bald folgt das zeitintensive „Ausputzen" und „Anleiten", bei dem die Wurzelstöcke bis auf vier bis sechs Triebe beschnitten und zu zweit oder zu dritt im Uhrzeigersinn um einen Aufleitdraht geschlungen werden. Der Hopfen wächst von Mai bis Ende Juli rasant in die Höhe und bildet die Dolden aus. Während der gesamten Vegetationsdauer muss der Hopfenbauer die Anlage ständig pflegen, etwa um abgetriebene Triebe „nachzuleiten" und neue Triebe, „Nachschosser", vom Wurzelstock zu entfernen.

Ende August erfolgt die Ernte, indem die Hopfenreben samt Draht vom Gerüst gerissen werden. Im Betrieb hängt der Bauer die Reben dann in die Hopfenpflückmaschine. Hier werden die Dolden von den Stängeln und den Blättern getrennt. Die Trocknung des erntefrischen Hopfens, mit einem Was-

sergehalt von zirka 80 Prozent, erfolgt in der so genannten Hopfendarre. Sackreif ist der getrocknete Hopfen bei einem Wassergehalt von 10 bis 11 Prozent.

ZUM BÜRGERBRÄU UND BÜRGERBRÄU AG

Bürgerbräu AG

Am Brunnen 2
85283 Wolnzach

Telefon 0 84 42/95 55 14

**Gaststätte
Zum Bürgerbräu**

Am Brunnen 1b
85283 Wolnzach

Telefon 0 84 42/95 65 76
Telefax 0 84 42/95 65 78

Die Bürger von Wolnzach haben ihre Bierversorgung selbst in die Hand genommen. Als 1993 die letzte der ehemals neun ortsansässigen Brauereien für immer ihre Pforten schloss, war der Schock groß. Sollte es tatsächlich sein, dass im Herzen der Hallertau, mitten im größten Hopfenanbaugebiet der Welt, keine eigene Brauerei den Durst der Bevölkerung nach einem guten Bier stillt? Am Stammtisch gärten die Träume nach einer eigenen Brauerei. Im Laufe der Zeit kristallisierte sich die Gründung einer Aktiengesellschaft heraus. Doch es sollten noch ein paar Jahre ins Land gehen, bis Taten folgten. Finanzielle und juristische Belange mussten geprüft, passende Räumlichkeiten gefunden werden. 1999 erfolgte die Gründung der „Bürgerbräu Wolnzach AG". Die Aktien fanden schnell ihre Abnehmer. Auf der Freizeitanlage „Am Brunnen" wurde Mitte September 2000 die Brauerei feierlich eröffnet. Heute blicken die Wolnzacher stolz auf „ihre" Brauerei, schließlich beläuft sich der Umsatz auf jährlich 2500 Hektoliter Bier. 300 Hektoliter davon gehen direkt nach New York, von wo aus ein schwäbischer Bierimporteur Feinschmeckerlokale in 38 Staaten beliefert, die Halbe für sechs bis acht Dollar. Denn auch in Amerika wird das naturtrübe, unpasteurisierte Bier geschätzt. Die Produktpalette umfasst das „Wolnzacher Helle" und drei Saisonbiere. Im Frühjahr mundet das „Wolnzacher Aktionator", im August das „Wolnzacher Festbier" und im Dezember das „Wolnzacher Weihnachtsbier".

WOLNZACH

Kalbsbries-Milzwurst mit Hopfazupfasalat

Zutaten

Für den Hopfenzupfasalat:
750 g fest kochende Kartoffeln
1 kleine Zwiebel
Weissbier-Essig
Salz, Pfeffer, Zucker
2–3 EL Sonnenblumenöl
1 Kopf Endiviensalat
(oder 1 Salatgurke)
Für die Wurstscheiben:
4 Scheiben Milzwurst
2 Eier
Semmelbrösel
Öl

Zubereitung

Kartoffeln dämpfen, schälen, etwas abkühlen lassen und in Scheiben schneiden. Die feingeschnittene Zwiebel untermischen. Die noch warmen Kartoffeln mit heißer Marinade ohne Öl anmachen und durchziehen lassen. Endiviensalat putzen, in dünne Streifen schneiden und kurz vor dem Servieren unterheben. Etwas Öl dazugeben. Wurstscheiben in verquirlten Eiern und Semmelbröseln wenden und in Öl ausbraten. Zusammen anrichten. Herr Schiwampel, gelernter Metzger, stellt die Würste selbst her: Kalbsbries blanchieren und häuten. Kalbsmilz in kaltem, leicht gesalzenem Wasser ansetzen, simmern, abkühlen lassen und klein scheiden. Am nächsten Tag Kalbsbrät und Schweinswürste würfeln, mit Bries und Milz mischen und würzen. Wurstmasse in Schweinenetz einrollen und 2 Std. bei 70 °C ziehen lassen.

Sowohl das naturtrübe Helle als auch das Weihnachtsbier finden ihren Weg nach Amerika – allerdings mit Kronkorken verschlossen. Für den einheimischen Durst wird das Bier nach alter Tradition in Bügel-Maurer-Flaschen abgefüllt. Der Name dokumentiert, dass die Bierbrauer früher im Sommer Häuser gebaut und im Winter Biere gebraut haben.

Ein frisches Bier vom Fass mundet natürlich in der Gaststätte „Zum Bürgerbräu" am besten. Hier verköstigen Irmgard und Helmut Schiwampel ihre Gäste mit gutbürgerlicher, bayerischer Küche aus frischen Zutaten der Region. Sie bieten auch das Original „Hopfenzupfermahl" an, zu dem der hier vorgestellte gemischte Kartoffelsalat gehört. Gewürzt mit einem Bieressig, der aus einem eigens in der Brauerei gefertigten Sud bei einem Ökobetrieb zu 5-prozentigem Essig vergoren wird.

In drei Räumen können sich die Gäste wohlfühlen. Vom „Reit-Stüberl" (für 40 Personen) kann man in die unmittelbar angrenzenden Reithalle blicken. Im „Bräustüberl" finden 25 und in der Gaststube 80 Personen Platz. In der warmen Jahreszeit lädt der schöne Biergarten zum Verweilen ein. Selbst an frischen Tagen finden sich hier Stammgäste ein, da sie wissen, dass der überdachte Teil des Platzes auch über eine Fußbodenheizung verfügt!

HOPFEN-APOTHEKE

Hopfen-Apotheke

Marienplatz 13
85290 Geisenfeld

Telefon 0 84 52 / 73 05 22
Telefax 0 84 52 / 73 05 23

Hopfen als Wellnessprodukt wird schon seit Jahrhunderten angewendet. Allerdings sprechen wir erst seit kurzem von „Wellness", früher waren es auf gut deutsch nur die Heilwirkungen dieser Pflanze, die sie für die Naturmedizin interessant machen. Schon Paracelsus und Hildegard von Bingen schätzen die beruhigende Wirkung der Inhaltsstoffe das Hopfens, Lupulin und Humulin, um Schlafstörungen, Unruhe sowie Angst- und Spannungszustände auf sanfte, natürliche Art zu beheben. In der Volksmedizin wurde Hopfen auch zur innerlichen Behandlung von Blasenentzündungen verwendet. Die hautpflegende Wirkung des Hopfens erfreut sich in jüngster Zeit großer Beliebtheit, wobei es wie so oft in der Medizin auf die richtige Dosierung der Substanz ankommt. Denn Hopfenpflücker wissen zu berichten, dass durch den tagelangen Kontakt mit frischem Hopfen auch Hautreizungen auftreten können. In Geisenfeld, der Geburtsstätte des Hallertauer Hopfenanbaus, kennt sich Apotheker Ralf Reisinger mit den Heilwirkungen des Hopfens bestens aus. Er bietet selbst hergestellte Pflegeprodukte mit Hopfen an, von denen etwa das „Holledauer Hopfen – Kräuter Ölbad" zu nennen ist. Dieses verspricht Streicheleinheiten für den ganzen Körper, da es wohltuend, entspannend und beruhigend wirkt. Das „Holledauer Hopfen-Duschgel" ist reich an wertvollem

GEISENFELD

Hopfen, Aloe, Panthenol und Vitamin E sowie frei von Farbstoffen und Erdölprodukten; es pflegt die Haut auf sanfte Art. Sein „Hopfen-Badesalz" besteht aus reinem, mit Hopfentinktur versetztem und mit Melissenöl aromatisiertem Salz aus dem Toten Meer. Dazu gesellt sich das „Natur-Hopfenbad", ein mit Hopfendolden und Lavendelblüten gefülltes Stoffsäckchen, das beim Baden im heißen Badewasser einfach mitschwimmt und dadurch seine beruhigende und entspannende Wirkung auf den ganzen Körper ausübt. Alle Produkte werden auf Wunsch gerne als Geschenk verpackt, denn viele Urlauber freuen sich über solch ein individuelles Mitbringsel für Daheimgebliebene. Auf Anfrage werden die Produkte auch verschickt.

Ralf Reisinger führt seine Apotheke im Zentrum von Geisenfeld seit 1998. Schon während seines Studiums kristallisierte sich der Wunsch nach einer eigenen Apotheke heraus. Doch er war sich nicht sicher, wie er sie nennen sollte; wichtig war zunächst, eifrig zu büffeln und den Abschluss in der Tasche zu haben. Sportliche Betätigung als Ausgleich zur Denkarbeit wird bekanntlich allseits empfohlen, und so fuhr Ralf Reisinger mit seinen Studienkollegen im Winter vor dem Examen zum Skifahren in die Schweiz. Eine idyllische Berghütte diente als Unterkunft, und abends saß man gemütlich beisammen. Da kam das Gespräch wieder auf den gesuchten Namen und die Freunde legten ihm nahe, die Apotheke nach jener Pflanze zu benennen, die das Leben in der Hallertau bestimmt: Hopfen. Ralf Reisinger war sich unschlüssig, schließlich gäbe es bundesweit keine einzige Apotheke, die so heißen würde. Nach einer eingehenden Studie des Hopfens in seiner bekannten, süffigen Form kam es zu später Stunde dann zur Abstimmung – mit einer Gegenstimme. Mit dem Hinweis, keiner der Freunde würde ihn je besuchen kommen, wenn er seine Apotheke nicht „Hopfen-Apotheke" nennen würde, ließ sich Ralf Reisinger schließlich überzeugen. Heute ist er froh über diese Hartnäckigkeit, denn die Hopfen-Apotheke macht ihrem Namen alle Ehre. Viele Anfragen nach regionalen Spezialitäten zur Körperpflege haben den Apotheker veranlasst, sein beliebtes Hopfen-Ölbad herzustellen. Bei der Ermittlung des optimalen Mischungsverhältnisses konnte er auf die tatkräftige Hilfe seiner Angestellten zählen. Sie stellten sich zur Verfügung, nach Feierabend – ein jeder für sich allein zu Hause – ein Vollbad zu nehmen, um am Morgen zu berichten, ob das Ergebnis überzeugend war, ob sich die Haut geschmeidig anfühlte und ob das Öl angenehm duftete. Die so gefundene Rezeptur findet nun bei seinen Kunden großen Anklang.

GÄRTNEREI EICKELMANN

GEISENFELD

Die Gärtnerei Eickelmann hat sich auf die vegetative Vermehrung von Hopfenpflanzen spezialisiert und bietet sie als Zierpflanzen und für den Erwerbsanbau an.

Sabine und Franz Seidl führen die Gärtnerei mit der Gewächshausanlage und ein Floristik-Fachgeschäft im Herzen Geisenfelds. Sie bieten Beet- und Balkonpflanzen, Schnitt- und Topfblumen an.

Keine andere Pflanze hat den Betrieb jedoch so geprägt wie der Hopfen. Im Auftrag des Hopfenforschungszentrums Hüll/Wolnzach vermehrt Franz Seidl die Pflanzen und berät seine Kunden.

Hopfen (*Humulus lupulus*) ist eine rechtswindende Kletterpflanze der botanischen Familie der Hanfgewächse (*Cannabaceae*) und der Ordnung der Nesselgewächse (*Urticaceae*). Es gibt männliche und weibliche Pflanzen, der Hopfen ist also „zweihäusig". Nur die weiblichen Blüten bilden die zapfenartigen Dolden aus.

Männliche Pflanzen sind im Erwerbsanbau extrem schädlich, weil ihr Pollen, durch den Wind getragen, die weiblichen Blüten befruchtet, diese Früchte ausbilden und sich dadurch der Brauwert verringert.

In den Achseln der Blütenblätter befindet sich das „grüne Gold", das Lupulin. Es ist ein feines gelbes Mehl, welches die Bitterstoffe (Alphasäure) und ätherischen Öle für den Brauvorgang enthält. Die Gerbstoffe sitzen in den Spindeln der Dolden. Der mehrjährige, winterharte Wurzelstock des Hopfens bildet jedes Jahr neue Triebe aus, die von Juni bis September als flächendeckender Sichtschutz oder als elegante Solitärpflanze gezogen werden können. Sie benötigen ein Gerüst und legen mit bis zu 30 Zentimeter Wachstum pro Tag ein rasantes Tempo vor, bis sie Ende Juni/Anfang Juli ihre Höhe von 7 Metern erreichen. Wer möchte, kann Hopfenpflanzen unter www.eickelmann.de bestellen. Die Jungpflanzen werden, sorgfältig verpackt, in 9-Zentimeter-Töpfen geliefert.

Gärtnerei Eickelmann

Krankenhausstraße 11
85290 Geisenfeld

Telefon 0 84 52/88 51
Telefax 0 84 52/88 82

Mainburg — Hallertauer Hopfengold

Hopfen ist nicht nur die Seele des Bieres, Hopfen eignet sich auch für Likör. In Mainburg wird seit 1789 im traditionsreichen Familienbetrieb Lutzenburger das „Hallertauer Hopfengold" hergestellt. Alkohol mit 56 bzw. 28 Vol.-%, erlesene Kräuter, Hallertauer Aromahopfen und Zucker sind die Zutaten für den feinherben Likör, der nach dem streng gehüteten Familienrezept gefertigt wird. Frei von Farb- und Konservierungsstoffen erinnert diese goldgelbe urbayerische Likörspezialität an das Lupulin der Hopfendolden. Hallertauer Hopfengold schmeckt angenehm mild, ist äußerst bekömmlich und wird gerne als Digestif nach einem guten Essen und in geselliger Runde genossen. Der Name Lutzenburger steht in Mainburg aber auch für feinste handgefertigte Pralinen und Schokoladen aus der eigenen Confiserie. So bietet es sich an, den liebevoll genannten „Hopfenschnaps" und die zartschmelzenden Kreationen gemeinsam zu verschenken.

Das Wein- und Geschenkehaus Lutzenburger in den altehrwürdigen Gewölben des Stammhauses stellt Präsente nach individuellen Kundenwünschen zusammen. Schon beim Eintreten in das Geschäft fühlt man sich wie in einer kleinen italienischen Enoteca, voller Flair und Charme. Hier werden neben Wein und kulinarischen Delikatessen auch erlesene Liköre, Brände, Öl- und Essigspezialitäten angeboten – einige in Glasballons, zur individuellen Dosierung und Abfüllung in kunstvolle Flaschen und stilvolle Karaffen.

Die Geschäftsinhaberin Ilse Lutzenburger pflegt das Ambiente und das Sortiment mit großer Leidenschaft. Durch ihre Kompetenz und ihr Gespür für das Besondere findet jeder etwas Passendes.

Hallertauer Hopfengold gibt es in Flaschen von 0,02 bis 0,7 Liter teils mit Schraub-, teils mit Bügelverschluss. Der Likör und die Geschenkpräsente werden auf Bestellung auch gerne zugeschickt.

Weinhaus Lutzenburger

Scharfstr. 1
84048 Mainburg

Telefon 0 87 51/10 27
Telefax 0 87 51/90 00

BAYERISCHE BIERE – REINHEIT UND VIELFALT

Bayerisches Reinheitsgebot

Das Bayerische Reinheitsgebot wurde am 23. April 1516, dem Georgitag, in Ingolstadt von den Herzögen Wilhelm IV. und Ludwig X. erlassen. Übersetzt ins moderne Hochdeutsch steht in seiner Urfassung: „Ganz besonders wollen wir, dass forthin allenthalben in unseren Städten und Märkten und auf dem Lande zu keinem Bier mehr Stücke als allein Gersten, Hopfen und Wasser verwendet und gebraucht werden soll". Später fügte man die für die Gärung verantwortliche Hefe bei, deren Wirkungsweise 1516 noch nicht bekannt war. Ziel war es, die Biertrinker vor schädlichen Beimischungen zu schützen und die Bevölkerung mit qualitativ hochwertigem und preiswertem Bier zu versorgen. Dieser ältesten und noch heute gültigen lebensmittelrechtlichen Vorschrift der Welt waren andere, für einzelne Orte Bayerns vorangegangen: 1156 für Augsburg, 1293 für Nürnberg, 1363 für München, 1447 für Regensburg sowie die 1493 von Herzog Georg dem Reichen erlassene Biersatzordnung für Landshut. Dem Reinheitsgebot verpflichtet, wird Bier in Bayern auch heute lediglich aus Wasser, Malz, Hopfen und Hefe gebraut. Die hohe Kunst, individuelles und ausgewogenes Bier zu brauen, bleibt dabei das Geheimnis eines jeden bayerischen Braumeisters. Seine „Persönlichkeit" erhält das Bier durch das Brauwasser. Dessen Charakter wird durch seinen Gehalt an Mineralstoffen, seiner „Härte" bestimmt. Weiches, salzarmes Wasser ist ideal für helle, hopfenbetonte Biere des „Pilsner Typs". Wasser mit hoher Sulfathärte eignet sich für den „Export Typ", und malzbetonte aromatische bayerische dunkle Lagerbiere werden mit Wasser hoher Karbonathärte gebraut. Farbe und Geschmack erlangt das Bier durch das verwendete Malz. Für alle untergärigen Biere wird das eingeweichte, gekeimte und gedarrte Getreide aus zweizeiliger Sommergerste gewonnen. Für obergärige Biere darf auch Weizen, Roggen, Dinkel, Emmer oder Einkorn verwendet werden. Seinen Alkoholgehalt und seine Spritzigkeit verdankt das Bier der Hefe. Dies sind einzellige Lebewesen, die bei der Vergärung den in der Würze enthaltenen Malzzucker in Alkohol und Kohlensäure umwandeln. Während obergärige Hefen im Verlauf des Gärprozesses Sprossverbände bilden, die an die Oberfläche des Jungbieres im Gärgefäß aufsteigen, setzen sich die untergärigen Hefen am Ende der Gärung auf dem Gefäßboden ab.

Zu den obergärigen Bieren zählen in Bayern die beliebten Weiß- bzw. Weizenbiere sowie Roggen- und Dinkelbier. Untergärige Biere sind helles und dunkles Lager, Export, Pils und Märzen. Der Hopfen dient der Geschmacks- und Schaumstabilität sowie der Haltbarkeit. Seine Gerbstoffe klären das Bier, doch vor allem ist er für das Hopfenaroma und die Bittere des Bieres verantwortlich.

Hallertau

Bierherstellung

Die Bierherstellung erfolgt in mehreren Schritten. Beim Mälzen wird Braugerste bzw. Weizen durch Wasserzusatz zum Keimen (Grünmalz) gebracht und bildet dabei Enzyme aus, die später beim Maischen gebraucht werden. Durch schonendes Erhitzen (Darren) wird das Grünmalz zu Braumalz getrocknet, der Keimprozess dadurch abgebrochen und die Keime abgetrennt. In der Brauerei wird das Braumalz geschrotet, mit dem Brauwasser versetzt und nach einem definierten Temperatur-Zeit-Schema langsam erhitzt (Maischen). Im Läuterbottich trennt man die festen Bestandteile, den Treber, von den flüssigen, der Würze (Läutern), wobei der Treber als natürlicher Filter für die Würze dient. Die Würze, der Malzextrakt, wird dann in der Sudpfanne mit dem Hopfen gekocht. Beim Kochen fallen Eiweiß-Gerbstoff-Verbindungen aus, Wasser entweicht in Form von Dampf und die Konzentration der Würze (Stammwürzegehalt) steigt an. Die ausgefällten Trübstoffe werden im Whirlpool abgetrennt und die geklärte Flüssigkeit bei untergärigen Bieren auf 4 bis 9 °C, bei obergärigen Bieren auf 15 bis 20 °C abgekühlt und dann in Gärbottiche (offen) oder Gärtanks (geschlossen) gepumpt. Erst auf dem Weg ins Gärgefäß kommt die Hefe dazu. Sie wandelt den in der Würze gelösten Malzzucker in Alkohol und Kohlensäure um. Diese Vergärung dauert acht bis zehn (untergärige Biere) bzw. zwei bis drei Tage (obergärige Biere). Dann zieht der Brauer die Hefe wieder ab. Untergärige Biere reifen anschließend bis zu sechs Wochen bei kühlen Temperaturen. Die dabei stattfindende Nachgärung sorgt für die Anreicherung natürlicher Kohlensäure und für die Ausbildung feiner Bieraromen. Obergärige Biere müssen nicht so lange gelagert werden. Für ihre Nachgärung wird zwischen Tankreifung und Flaschengärung unterschieden. Beide Verfahren dauern ca. drei Wochen, und es ist der Geschmacksphilosophie der Braumeister überlassen, welches Verfahren zur Anwendung kommt. Nach dem Filtrieren zu einem „blanken Bier" wird der Gerstensaft abgefüllt. Naturtrübes Bier (Zwickelbier, Kellerbier) wird nicht filtriert, enthält noch die Bierhefe und damit viele Vitamine, Geschmacks- und Mineralstoffe, ist aber nicht so lange haltbar.

Stammwürze nennt man den Extraktgehalt der Bierwürze vor der Vergärung – ähnlich

BAYERISCHE BIERVIELFALT

dem Öchslegehalt beim Wein. Die Stammwürze enthält die aus dem Malz gelösten Stoffe wie Malzzucker, Vitamine, Mineral-, Eiweiß- und Aromastoffe. Die Stammwürze bestimmt die Biergattung: Biere mit geringer Stammwürze (< 7 %), Schankbier (7-11 %), Vollbier (11-16 %) und Starkbier (>16 %). Bei der Vergärung verwandelt sich je ein Drittel der Stammwürze in Alkohol und Kohlensäure. Das restliche Drittel bleibt als Restextrakt erhalten und bestimmt Aroma und Geschmack. So lässt sich aufgrund des Stammwürzegehaltes der spätere Alkoholgehalt (% Vol.)bestimmen. Vollbiere wie das beliebte bayerische helle Lagerbier mit gut 11 % Stammwürze enthalten zum Beispiel etwa 5 % Alkohol.

Seinen Ruf als „Grundnahrungsmittel" in Bayern verdankt das Bier vor allem dem hellen Lagerbier, kurz „Helles" genannt, und dem Export, die etwas gehaltvollere Variante. Aufgrund seines geringeren Hopfengehaltes schmeckt Helles milder als Pils. Dieses feinwürzige Bier mit leicht vollmundiger Süffigkeit ist äußerst bekömmlich und eignet sich auch als Grundlage für Biermischgetränke. Das bayerische Export hell ist stärker eingebraut und damit vollmundiger als Lager/Hell.

Die Beliebtheitsskala der bayerischen Biere führt das Weizenbier an. Weizenbier wird aus mindestens 50 Prozent Weizen- und 50 (oder weniger) Prozent Gerstenmalz sowie obergäriger Hefe gebraut, die sich während der Gärung als weiße Haube an der Oberfläche des Gärgefäßes ausbildet und dem Bier seinen zweiten Namen „Weißbier" verleiht. Die Biere schmecken fruchtig, mild und spritzig. Mit ihren verschiedenen Ausführungen – helles/dunkles Hefeweißbier, Kristallweizen, Weißbierbock und -doppelbock, Leichtes Weißes/Weizen und alkoholfreies Weizen – bieten Weißbiere immer die richtige Sorte für jeden Geschmack und Anlass. Mit mindestens 16 % Stammwürze und entsprechend mehr als 6 % Alkohol sind Starkbiere eindeutig gehaltvoller als Vollbiere. Bock und Doppelbock sind Biere für Genießer, man trinkt sie am besten langsam Schluck für Schluck, um ihre betörend weinig-malzige Blume, ihren cremigen Schaum und den süffigen, vollmundigen Geschmack so richtig auszukosten. Der Doppelbock schmeichelt dabei mit einem dezenten Karamellaroma. Saisonale Spezialitäten sind Weihnachtsbock, Fastenbock oder Maibock. Ihre klangvollen Namen enden alle auf „-ator": zum Beispiel „Adamator", „Eichator" und „Jacobator".

HOFBRAUHAUS FREISING

Gräfliches Hofbrauhaus Freising GmbH

Mainburger Straße 26
85356 Freising

Telefon 0 81 61/60 10
Telefax 0 81 61/6 83 09

Die Hallertau erstreckt sich in ihrer südlichen Ausdehnung auf das Gebiet des Landkreises Freising. Die Stadt Freising als historisch-wichtiges Zentrum des Bierbrauens soll daher bei unserer kulinarischen Bierreise nicht unberücksichtigt bleiben. Zumal Freising mit seinem renommierten Stadtteil Weihenstephan als Lehr-, Forschungs- und Wissenschaftsstandort allen Bierkennern und -liebhabern bestens bekannt ist. Am Lehrstuhl für Technologie der Brauerei werden seit Generationen hochqualifizierte Brauer ausgebildet, die ihr Wissen in die Welt tragen.

Von diesem Know-how profitiert auch das Hofbrauhaus Freising, dessen Geschichte eng mit dem Domberg, dem Wahrzeichen der Stadt, verbunden ist. Einst war er Bischofssitz und die Siedlung zu seinen Füßen, die Freisinger Bürgerstadt, stand stark unter dem Einfluss der Kirche. Heute prägen sowohl Geschichte, Tradition und Kultur als auch Wirtschaft und Technologie das tägliche Leben dieser attraktiven, modernen Stadt.

Das Hofbrauhaus liegt im Herzen von Freising. Die erste urkundliche Erwähnung stammt aus dem Jahre 1160. Die Freisinger Fürstbischöfe unter Bischof Albert ließen damals ihr Bier direkt auf dem Domberg brauen; daher der Name Hofbrauhaus. Im 16. Jahrhundert wurde auf dem Domberg ausschließlich Weißbier gebraut, und zwar so gutes, dass es über die Grenzen Freisings hinaus geschätzt wurde. Mit dem Verbot, Freisinger Weissbier in das kurfürstliche Gebiet einzuführen begann ein Bierstreit, der gut 200 Jahre andauerte. Erst 1794 gestattete die kurfürstliche Verwaltung verschiedenen Wirten aus der Umgebung von Freising Bier vom Hofbrauhaus zu beziehen. Während der Säkularisation 1802 erwarb die Kurfürstin Maria Leopoldine von Bayern das Fürstbischöfliche Hofbrauhaus. Ihr Sohn, Graf Arco-Stepperg, führte das Unternehmen weiter und vererbte ihn an seine Tochter, die 1891 den Reichsrat Ernst Graf v. Moy heiratete.

Das heutige Gebäude wurde von 1911 bis 1912 unter der Planung von Prof. Dr. Ganzenmüller aus Weihenstephan auf dem Gelände an der Mainburger Straße errichtet; das alte Domizil auf dem Domberg ging damit wieder an den Bayerischen Staat zurück. Die neue Brauerei galt als Vorbild für über 100 Brauereien im In- und Ausland. Ihre technische Einrichtung wurde seither immer

FREISING

auf dem modernsten Stand gehalten. Seit 1998 gehört die Brauerei den Grafen von Toerring.

Das Aushängeschild des Hofbrauhauses ist „Huber Weisses", das als Erkennungszeichen den weißen Eisbären hat. Doch was veranlasste die Brauerei, ihr Bier „Huber" zu nennen? Nun, dies ist eine andere Geschichte.

Lassen Sie uns in der Zeitmaschine wieder nach hinten springen, in das Jahr 1860. Es begab sich zu der Zeit, dass Karl Stiegler, damaliger Braumeister des Hofbrauhauses, die Weissbier-Brauerei Am Büchl erwarb. Schwere persönliche Schicksalsschläge bewegten ihn aber, die Brauerei wieder zu verkaufen. 1897 erwarb sie dann der Wirtspächter Xaver Huber aus Palzing. Sein Wirtshaus, der „Weissbräu Huber" an der General-von-Nagel-Straße 5, ist noch heute eine Freisinger Institution. Seit 1882 dient es der Bavaria Studentenverbindung als Stammlokal. Die Braurechte an dem Huber-Weissbier kamen 1967 zum Hofbrauhaus. Vor einigen Jahren wurde das alte Wirtshaus mit der Brauerei abgerissen, um die Gaststätte originalgetreu wieder aufzubauen. Somit befindet sich der älteste Stammtisch Bayerns noch im gleichen Gasthaus. Die Gaststätte ist Kult. Generationen von Studenten und Mitglieder des König-Ludwig-Vereins haben hier bayerische Wirtshaustradition gestaltet und gepflegt. Noch heute diskutiert man hier bei einem Glas „Huber Weisses" über Gott und die Welt.

Das Sortiment des Hofbrauhauses umfasst „Huber Weisses Original" mit seinen 4 Sorten „Huber Weisses Dunkel", „Huber Weisses Fresh", „Huber Weisses Leicht", „Huber Weisses Kristall". Das Original ist ein Weissbier der Premiumklasse, ein Bier wie es sein sollte: angenehm mild im Geschmack und äußerst bekömmlich. Es wird nach der Lagerung zusammen mit der natürlichen Hefe in Flaschen oder Fässern abgefüllt. Die anderen Biere werden vor der Abfüllung filtriert. An untergärigen Bieren produziert das Hofbrauhaus „Urhell", Export „Jägerbier", „Graf Ignaz Pils", ein „Dunkles", ein „Schwarzbier" und das „Freisinger Leicht". Alle Sorten stehen für einen feinen Biergenuss.

HOFBRAUHAUS KELLER

Wer die Biere vom Hofbrauhaus Freising in stilvoller, bayerisch-traditioneller Umgebung genießen will, findet im Hofbrauhaus Keller die passende Adresse. Das schmucke Haus befindet sich an der Straße die hinter dem Brauereigelände auf die Anhöhe des Lankesberges führt. Es wurde vor wenigen Jahren getreu dem originalen Hofbrauhaus Keller neu gebaut, um das Innenleben des traditionsbewussten Hauses mit modernem Komfort auszustatten. Ursprünglich war das 1855 von einem gewissen „Duschel" erbaute Hofbrauhaus Keller ein Lagerkeller, der sich außerhalb der Stadt befand. Die auf dem Domberg gebrauten Biere des Hofbrauhauses wurden damals mit einem Fuhrfass in den Lagerkeller gefahren und in die Lagerfässer abgefüllt. Um die Jahrhundertwende erwarb Gräfin Sofie von Moy das Objekt, das sich seither im Besitz der Familie Graf von Moy befindet. Die Räumlichkeiten im Keller dienten im 2. Weltkrieg als Luftschutzraum und danach als Gaststätte. Bei dem Neubau 1988 entschloss man sich, die Kellergewölbe zu versiegeln. Unter der Leitung von Caroline und Udo Vogt ist das Gasthaus seitdem zu einem Kleinod mit individueller Note geworden. Mit ihrer erfrischend natürlichen Herzlichkeit verstehen sie es, jedem Gast einen angenehmen Aufenthalt zu bereiten. Neben Bier kredenzt Herr Vogt auch vorzügliche Weine, die zum Teil aus seiner Heimat, der Deutschen Weinstraße, stammen.

Für die kulinarischen Genüsse zeichnet Chefkoch Franz Karner verantwortlich. Unter seiner Regie verlassen feinste Schmankerl die Küche, um die Gaumen der Gäste zu verwöhnen.

Seine Philosophie, Naturprodukte von Erzeugern aus der Region frisch zuzubereiten, entspricht dem Ehrenkodex der Vereinigung Eurotoques. Diese nicht-kommerzielle Organisation wurde 1986 von den berühmtesten Spitzenköchen Europas mit dem Ziel gegründet, das kulinarische Erbe und die Esskultur der Völker zu bewahren. Sie lehnen „Fast-Food" ab und setzen sich für eine umweltschonende Landwirtschaft, artgerechte Tierhaltung und kurze Transportwege für alle Waren ein.

So überrascht es auch nicht, dass die Speisekarte des Hofbrauhaus Kellers über das Jahr auch saisonale Gerichte aufweist. Frische Salate, feine Suppen, edle Fischgerichte sowie Speisen mit ökologischem Rindfleisch von einheimischen Höfen sind dabei ebenso an der Tagesordnung wie bayerische Schmankerl und deftige Brotzeiten.

Hofbrauhaus Keller

Lankesbergstraße 5
85356 Freising

Telefon 0 81 61/93 88 00
Telefax 0 81 61/93 88 01

FREISING

Im Sommer laden der schattige Biergarten und die schöne Terrasse zum Verweilen ein. Der Festsaal bietet Platz für 130 Personen und kann durch Trennwände in zwei Räume unterteilt werden. Diese werden von Geschäftsleuten gerne als Konferenz- und Tagungsräume genutzt, zumal München und sein Flughafen nicht weit entfernt sind.

Fazit: Der Hofbrauhaus Keller ist ein bisserl Tradition und ein bisserl modern.
Eine Wirtschaft wie Bayern: Leben und leben lassen!

Das Beste vom Spanferkel auf karamellisierter Weißbierjus

Zutaten

ca. 1,5 kg Spanferkelrücken mit Knochen
3 Scheiben Räucherspeck
2 Knoblauchzehen
10 Korianderkörner
Salz, Pfeffer
100 g Wurzelgemüse
Öl
etwas Tomatenmark
0,3 l Weißbier
2 kleine Schalotten, gewürfelt
20 g Zucker
200 g Spanferkelleber
Mehl, 1 Ei, 100 g Semmelbrösel
Für das Bayrisch Kraut:
1/2 Kopf Weißkraut
1 kleine Zwiebel, Öl
Salz, Pfeffer
Kümmel
0,2 l Weißbier

Zubereitung

Vom Rücken 4 Koteletts abschneiden und parieren. Filet auslösen und mit Speck umwickeln. Restlichen Rücken mit den Gewürzen einreiben und bei 180 °C im vorgeheizten Ofen ca. 15 Min. mit der Haut nach oben braten; weitere 8 Min. bei 220 °C braten. Knochen und Gemüse in Öl anbraten. Tomatenmark mitrösten. Mit der Hälfte des Biers ablöschen, zur klaren Sauce einkochen und passieren. Schalotten anbraten und mit Zucker karamellisieren. Mit restlichem Bier ablöschen, reduzieren und mit der Sauce auffüllen. Kraut fein schneiden. Zwiebel in Öl anbraten, Kraut zugeben, würzen. Mit Bier ablöschen und weich dünsten. Zum Schluss Leber und Filet in Öl anbraten. Koteletts würzen, in Mehl, Ei und Brösel panieren und knusprig backen.

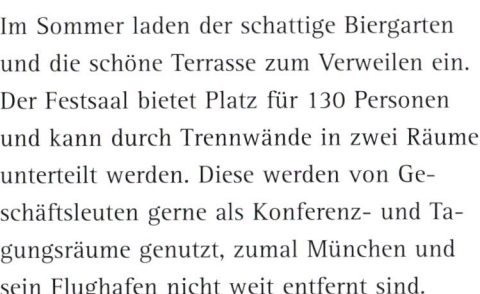

LANDSHUTER HOF

**Hotel-Restaurant
Landshuter Hof**

Löschenbrandstraße 23
84032 Landshut

Telefon 08 71/9 62 72 -0
Telefax 08 71/9 62 72 -37

Ruhetag im Restaurant: Dienstag

Mit einem herzlichen „Grüß Gott" empfangen Theresa und Franz Hopper ihre Gäste im Landshuter Hof. Dieser liegt im Westen der Stadt und ist, von der Autobahn A 92 Abfahrt Landshut West/12 kommend, in nur 5 Minuten zu erreichen. Die Landshuter Flutmulde mit ihren Auen lädt ganz in der Nähe zum Joggen, Spazieren gehen und Rad fahren ein. Sollten Radfahrer unterwegs eine Panne haben, so hilft eine Werkstatt für kleinere Reparaturen im Landshuter Hof weiter.
Das zur Minotel-Gruppe Deutschlands gehörende Hotel wurde 1993 erbaut und befindet sich seither in Familienbesitz. Mit viel Liebe und Einsatz hat es das Ehepaar Hopper verstanden, eine persönliche, familiäre Atmosphäre zu schaffen, in der sich die Gäste wohl fühlen. 30 moderne Fremdenzimmer bieten besten Komfort und für 40 Personen steht ein Tagungsraum zur Verfügung. Die Nähe zum Münchner Flughafen – er ist in 20 Minuten zu erreichen – macht dies für Geschäftsleute sehr interessant. Zumal die Verköstigung wirklich empfehlenswert ist. Chefkoch Franz Hopper nimmt als

LANDSHUT

Mitglied des Ausschusses des IHK-Gremiums Landshut an der Industrie- und Handelskammer für Niederbayern in Passau Prüfungen für den Nachwuchs an Köchen ab. In seiner Küche vereint er auf höchstem Niveau gutbürgerliche Küche mit regionalen Spezialitäten. Dafür verwendet er ausschließlich frische Produkte aus der Region und kreiert dabei kulinarische Genüsse. Die täglich wechselnde Speisekarte ist sogar im Internet abrufbar und präsentiert Gerichte mit saisonalen Zutaten. Im Frühjahr verwendet Franz Hopper gerne Bärlauch für seine frische Bärlauchsuppe, seine hausgemachten Bärlauchspätzle oder eine Bärlauchsauce, die zu gekochtem Tafelspitz gereicht wird. Besondere Aktionswochen widmen sich in kulinarischer Vielfalt einzelnen Produktgruppen.

Da finden dann etwa Flußzander, Scholle, Waller, Wildlachs oder Garnelen und Tintenfische ihren Weg von Pfanne und Topf auf die Teller der erwartungsvollen Gäste. Im Herbst stehen vermehrt Wild und Geflügel auf der Karte.

Die Zutaten für das gemütliche Ambiente im Landshuter Hof definieren die Hausherren selbst als „ein Schuss Behaglichkeit und eine Prise Wohlbefinden". Damit ist nicht nur das vorzügliche Essen, sondern sind auch die Räumlichkeiten gemeint. Das lichtdurchflutete Restaurant strahlt eine behagliche Atmosphäre aus, zu der die passend zu jedem Anlass ausgewählten Tisch- und Raumdekorationen harmonisch beitragen. Ideale Rahmen für kleinere Gesellschaften und Familienfeiern bieten das Nebenzimmer und das Stüberl. An schönen Tagen entspannen sich die Besucher gerne auf der Sonnenterrasse und schauen den Kindern auf dem garteneigenen Spielplatz zu. Und wenn Hotelgäste im Herbst zum Münchner Oktoberfest, zum bekanntesten Bierfest der Welt, gelangen möchten, stehen zahlreiche Bahnverbindungen vom nur 5 Minuten entfernten Landshuter Bahnhof zur Verfügung.

Laiberl von Lachsfilet und Zander

Zutaten

300 g Zanderfilet
Salz
250 g Lachsfilet
Pfeffer aus der Mühle
Zitronensaft
Pernod
200 g große Spinatblätter
1 Ei
1/4 l Schlagsahne
Muskat
1 EL geschlagene Sahne

Zubereitung

Zanderfilet würfeln, salzen, kalt stellen. Lachsfilet achteln, salzen, pfeffern, mit Zitronensaft und Pernod beträufeln.
Spinat putzen, blanchieren, kalt abschrecken. Auf Frischhaltefolien 8 geschlossene Spinatflächen auslegen. Zander mit Ei und Sahne im Küchenkutter pürieren, durch ein Haarsieb streichen, Farce mit Muskat, Salz und Pfeffer würzen, die geschlagene Sahne unterheben, die Menge achteln.
Jeweils ein Folienteil mit Spinatblättern in einen Schöpflöffel etwas überhängend legen. Etwas Farce und ein Stück Lachs in die Mitte geben, mit Farce bedecken. Blätter mit Hilfe der Folie über der Farce zusammennehmen und herausheben. Folie entfernen. In einen Topf 5 cm hoch Wasser geben, Fischlaiberl auf den Dämpfeinsatz legen, Wasser aufkochen, Laiberl etwa 10 Min. dämpfen. Halbieren und mit Safransauce servieren.
Dazu Basmatireis und Broccoli reichen.

GASTHAUS ZUR LINDE

Gasthaus zur Linde

Hauptstraße 23
84432 Hohenpolding

Telefon 0 80 84 / 25 77 -0
Telefax 0 80 84 / 25 77 -27

Ruhetag: Montag

Auf unserer kulinarischen Bierreise machen wir einen kleinen Abstecher über die Grenze des Regierungsbezirkes Niederbayern in den Nordosten des Landkreises Erding in Oberbayern. Lediglich 5 km von dieser „Grenze" entfernt liegt an der Bundesstraße B 15, etwa 19 km südlich von Landshut, der Ort Hohenpolding. In seiner Mitte steht die Kirche und in unmittelbarer Nachbarschaft befindet sich das Gasthaus zur Linde – getreu nach dem Motto „Kirche und Wirtshaus". Es ist ein Dorfwirtshaus mit Tradition, eines, in dem sich die Gäste wohl fühlen sobald sie das Haus betreten. An einer Wand der Gaststube befindet eine kleine holzgeschnitzte Figur, die einen Mönch mit einem Bierkrug in der Hand darstellt. Einst galt gutes Bier als Gottesgabe, da man die Zusammenhänge zwischen Malz, Hopfen, Hefe, Alkohol und Haltbarkeit nicht verstand. Doch dank der Erforschung des Brauvorganges durch die Mönche in den Klosterbrauereien wurde Bier ein hochwertiges Getränk. Sie durften ja während der Fastenzeit nur Flüssiges aufnehmen, weshalb sie bemüht waren, ein nahrhaftes Bier zu brauen. So entstand das Starkbier, welches den bayerischen Kirchenkalender um eine fünfte Jahreszeit, die Starkbierzeit, erweitert.

Im Gasthaus zur Linde heißen Rosi und Ernst Rauschhuber die Gäste willkommen und verwöhnen sie mit den Spezialitäten ihrer Küche. Sie bewahren dabei die Tradition der bodenständigen Küche und frischen diese mit modernen Akzenten auf. Beim Einkauf

HOHENPOLDING

Tira-mi-su von dunklem Weißbier auf Erdbeerragout

Zutaten

3 Eigelb, 50 g Zucker
10 g Vanillezucker
150 g Mascarpone
150 g Magerquark
1/4 l dunkles Weißbier
Zimt-, Piment-, Nelkenpulver
50 g Pumpernickel
200 g Löffelbiskuits
500 g Erdbeeren
2 EL Maraschino, 50 g Joghurt
50 g saure Sahne
Zitronensaft, Zucker
50 g Sahne

Zubereitung

Eigelb, Zucker, Vanillezucker, Mascarpone und Magerquark nacheinander schaumig schlagen. Weißbier mit Zimt, Piment und Nelken würzen. Pumpernickel fein hacken und trocken anrösten. Die Hälfte der Löffelbiskuits in eine flache Form schichten und mit Hilfe eines Pinsels mit etwas gewürztem Weißbier gut anfeuchten. Die Hälfte der Mascarponecreme darauf verteilen und das Ganze mit den restlichen Löffelbiskuits und der Creme wiederholen. Pumpernickelbrot darüber streuen. Zugedeckt im Kühlschrank ca. 2 bis 3 Std. durchziehen lassen. Erdbeeren waschen, putzen, vierteln und mit Maraschino marinieren. Für die Sauce Joghurt, saure Sahne, Zitronensaft, Zucker und das restliche Weißbier verrühren. Sahne schlagen und vorsichtig unterheben. Mit einem Esslöffel Nockerl vom Tirami-su ausstechen und mit den Erdbeeren und der Sauce anrichten.

legen sie Wert auf regionale Produkte und laden in die Welt der guten Küche ein. Da findet jeder etwas für seinen Geschmack: alte und neue Rezepte, Spezialitäten aus Ober- und Niederbayern sowie hausgemachte Kuchen. Einmal im Jahr beteiligt sich das Gasthaus zur Linde mit anderen Gastronomen der Region an einer Schmankerl-Tour. Solch eine Speisekarte liest sich ebenfalls mit Genuss: hausgemachte Entenleberterrine in Portweingelee auf Apfelspalten und Salatgarnitur oder Filetspitzen vom Rind und Schwein in Senfrahmsauce mit Roten Rüben, Schwarzwurzeln und Kartoffelplätzchen und als Nachtisch Zwetschenroulade und Hagebuttenparfait mit Cognacsahne und andere Köstlichkeiten.

Für Veranstaltungen aller Art bietet sich der Festsaal des Hauses mit Platz für 200 Personen an, auf dessen Bühne auch Aufführungen des beliebten Volkstheaters stattfinden. Für kleinere Gesellschaften ist das rustikale Stüberl genau das Richtige. An schönen Sommerabenden lockt der Biergarten mit Sonnenstrahlen bis zum Sonnenuntergang.

Hier bekommt man dann eine deftige Brotzeit zum frisch gezapften Bier. Daneben gibt es für die kleinen Gäste einen Spielplatz im Blickfeld der Eltern und geschützt vom Straßenverkehr. Für Feriengäste oder Durchreisende bietet das Gasthaus zur Linde zudem neun behagliche Gästezimmer an, die mit modernem Komfort ausgestattet sind.

GASTHOF WADENSPANNER

Im niederbayerischen Altdorf, nördlich von Landshut, heißt Familie Wadenspanner die Gäste in ihrem Gasthof herzlich willkommen. Die familiäre Atmosphäre und die persönliche Betreuung haben im Gasthof Wadenspanner Tradition. Seit über zwei Jahrhunderten gehört das Anwesen zur Geschichte des Ortes wie die Nikolakirche neben ihm.

Anton Wadenspanner, Kreisvorsitzender des Bayerischen Hotel- und Gaststättenverbandes Landkreis Landshut, führt das Haus zusammen mit seiner Frau Katharina. Nach einem verheerenden Brand 1977 wurde dieses mit allem Komfort wieder aufgebaut und sein anheimelnder Charakter dabei erhalten. Ein traditionelles Wirtshausschild mit einem stilisierten Bierkrug über dem Hauseingang deutet schon an, dass es hier urig-gemütlich zugeht.

Aus der Küche kommen bayerische Schmankerl auf den Tisch, die wie zu Großmutters Zeiten dem Jahresrhythmus der heimischen Zutaten folgen. Neben der genussvollen, leichten Naturküche mit bürgerlichen und internationalen Speisen gibt es mittwochs zudem Haxenessen sowie freitags und samstags Enten- und Ganserlessen.

Gasthof Wadenspanner

Kirchgasse 2
84032 Altdorf

Telefon 08 71/9 32 13 -0
Telefax 08 71/9 32 13 -70

ALTDORF

Festtage, Feste und Bräuche werden zünftig entweder im Nikola-Stüberl, im Jägerl-Stüberl, im Musikstüberl oder in den Antonius Stuben gefeiert. Die Angebote von „Fasserl-Party" bis zur „Garnelen-Puhl-Party" nach dem Motto „Partyalarm im Gasthof Wadenspanner" sind ideal für Gruppen von zehn oder zwanzig Personen, die zünftig essen und sich dabei selbst das Weißbier aus dem Fass zapfen bzw. den leichten Weißwein einschenken wollen. Zum Übernachten hält der Gasthof behagliche Zimmer bereit, die alle mit Bad, Kabelfernsehen, Selbstwahltelefon, Minibar, Föhn und Kosmetikspiegel ausgestattet sind.

Der hauseigene meisterliche Partyservice beliefert private und betriebliche Feste, organisiert romantische Picknicks und stellt erlesene Gourmet-Büfetts zusammen. Familie Wadenspanner bewirtschaftet zudem die Burgschänke von Burg Trausnitz in Landshut und bietet damit weitere malerische Räumlichkeiten für große Feste an.

Niederbayerisches Kartoffelbrat'l mit Brezenknödel und Sauerkraut

Für 10 Personen

Zutaten

Für das Kartoffelbrat'l:
2,5 kg Wammerl
(Schweinebauch mit Schwarte)
Salz, Pfeffer, Kümmel
2 Knoblauchzehen
1 große Zwiebel, grob geschnitten
Brühe, 10 mittelgroße Kartoffeln
ausgelassenes Schweineschmalz

Für die Brezenknödel:
900 g alte Brezen, ca. 0,9 l warme Milch
7 Eier, 250 g Zwiebelwürfel, angeschwitzt
100 g Butter, Petersilie, Salz

Für das Sauerkraut:
60 g Schweineschmalz, 50 g Speckwürfel
100 g Zwiebelstreifen, 100 g Apfelschnitze
1,5 kg Sauerkraut, Salz, 1 Gewürzbeutel
(Kümmel, Nelke, Wacholderbeeren, Lorbeerblatt)
0,1 l Weißwein, 1 EL Honig

Zubereitung

Für das Kartoffelbrat'l die Schwarte kreuzweise einschneiden und mit Salz, Pfeffer, Kümmel und Knoblauch einreiben. Im Ofen auf der Unterseite gut anbraten, Zwiebel zugeben und mit Brühe aufgießen. Nach etwa 45 Min. die geschälten, in große Stücke geschnittenen Kartoffeln zugeben und mitbraten, bis das Fleisch gar ist. Sauce abschmecken.

Für die Knödel die Brezen würfeln und 30 Min. in Milch einweichen lassen. Eier, Zwiebel und Butter untermischen, würzen und ca. 40 Min. ruhen lassen. Knödel abdrehen und in siedendem Salzwasser ca. 15 Min. ziehen lassen.

Für das Sauerkraut Schmalz erhitzen und Speck, Zwiebel und Apfel farblos anschwitzen. Wenig Wasser angießen und aufkochen. Sauerkraut zugeben und mäßig salzen. Schnell aufkochen. Gewürzbeutel in die Mitte stecken. Zugedeckt bei mäßiger Hitze garen. Bei fehlender Flüssigkeit jeweils nur die unbedingt erforderliche Menge nachgeben. Nach etwa 30 Min. Garzeit den Wein angießen. Sobald das Sauerkraut genügend gar ist, den Gewürzbeutel entfernen. Das Kraut mit Honig vollenden.

Tipp: Durch etwas angerührte Stärke oder durch rechtzeitige Zugabe von fein geriebenen rohen Kartoffeln erhält man eine leicht sämige Bindung.

HOPFENLAND HALLERTAU

Arbeitsgemeinschaft
Hopfenland Hallertau

Das Hopfenland Hallertau ist eine Kulturlandschaft, die sich nicht an politische Verwaltungsgrenzen hält. Die Grenzen der Hallertau sind dort, wo kein Hopfen mehr wächst. Hopfen benötigt tiefgründige Böden, bestimmte Niederschlagsmengen und durchschnittliche Jahrestemperaturen – alles Faktoren, die er im tertiärem Hügelland der Hallertau findet. Doch Hopfen ist nicht die einzige Nutzpflanze der Hallertau. Hier wächst neben Getreide und Raps auch feinster Spargel und die Gastronomie bietet dieses saisonale Edelgemüse im Rahmen vieler Schmankerlwochen an. Dies gibt dem Tourismus zusätzliche Impulse, und so entwickelt sich die hügelige, abwechslungsreiche Landschaft mit ihren schönen Flüssen und Auen sowie ihrem gut ausgebauten Wegenetz zunehmend zum beliebten Urlaubsziel für Familien, Radfahrer und Wanderer. Die Landkreise Kelheim, Landshut, Freising und Pfaffenhofen, zu denen das Gebiet der Hallertau gehört, haben sich zur Arbeitsgemeinschaft (ARGE) „Hopfenland Hallertau" mit dem Ziel zusammengeschlossen, die bäuerliche Kulturlandschaft mit ihren zahlreichen Attraktionen bekannt zu machen. Und da Liebe bekanntlich durch den Magen geht, stellen sie die kulinarische Seite ins Rampenlicht und locken die Feinschmecker gleich mit zwei Schmankerln an: Hopfenspargel und Spargel – zwei Gemüsearten, die botanisch nicht miteinander verwandt sind, aber ähnlich wachsen und zubereitet werden. Hopfenspargel ist eine seltene Spezialität der Hallertau, die es nur wenige Wochen im Früh-

jahr gibt. Es handelt sich dabei um die jungen, zarten Triebe der Hopfenpflanzen, die bei beginnendem Austrieb der Überwinterungsknospen je nach Wetter von Mitte März bis Mitte April aus dem Wurzelstock sprießen – würde man sie wachsen lassen, entstünden daraus neue Hopfenranken. Um ihr Wachstum wie beim echten Spargel unter Lichtausschluss in der Erde zu ermöglichen, müssen die Wurzelstöcke höher als bei der normalen Hopfenkultur angehäuft werden. Die Ernte des Hopfenspargels ist mühsam da sie nur per Hand erfolgen kann. Die Wurzelstöcke der Pflanzen müssen freigelegt werden, um die weißen, nur wenige Zentimeter großen Sprossen pflücken zu können. Für 100 Gramm Hopfenspargel benötigt man etwa zehn erwachsene Pflanzen. Vor der Zubereitung wird der Hopfenspargel sorgfältig gewaschen und geputzt. Der Lohn für die ganze Arbeit ist der zarte, delikate Geschmack des Hopfenspargels, der von Feinschmeckern immer mehr geschätzt wird. Im Rahmen der Aktionswochen „Hallertauer Hopfenspargel" bieten Hallertauer Gastronomen und Landwirte dieses außergewöhnliche kulinarische Schmankerl an. Allseits bekannt ist dagegen der „echte" Spargel. Die sandigen, nährstoffreichen Böden rund um Abensberg, Sandharlanden und Schrobenhausen bieten ihm beste Wachstumsbedingungen und verleihen dem Gemüse einen kräftigen, nussartigen Geschmack. Die eigentliche Spargelsaison ist kurz, lediglich 55 Tage im Jahr – bis zum 24. Juni – werden die frischen Triebe mühsam per Hand, Stange für Stange, aus der Erde „gestochen". Lässt man Spargel ans Tageslicht wachsen, färbt er sich grün. Unter dem Motto „Hallertauer Spargelwochen" setzt die ARGE Hopfenland Hallertau in gemeinsamer Aktion mit dem Bayerischen Hotel- und Gaststättenverband der beteiligten Landkreise mit einer bunten Mischung aus kulinarischen Freuden sowie informativen und unterhaltsamen Veranstaltungen auf den Genuss- und Erlebniswert rund um den Spargel. Spargellehrfahrten und –wanderungen, Kutschfahrten durch die Spargellandschaft, Kochvorführungen sowie die Möglichkeit zum eigenhändigen Spargelstechen machen Lust auf Spargel und zeigen, wo man frischen Spargel direkt beim Erzeuger kaufen kann. Gasthöfe und Restaurants laden während der Spargelsaison zur kulinarischen Entdeckung ein und bieten dazu frisch gezapfte Biere aus den regionalen Brauereien an. Bemerkenswert ist, dass sich einige der ältesten Brauereien in der Region befinden: Weihenstephan, als älteste Brauerei der Welt, Weltenburg, als älteste Klosterbrauerei, Herrngiersdorf als älteste Privatbrauerei und G. Schneider & Sohn in Kelheim als älteste Weissbierbrauerei.

Tourismusverband im Landkreis Kelheim e.V.
Donaupark 13
93309 Kelheim
Telefon 0 94 41/6 83 40

Landratsamt Freising
Landshuter Straße 31
85356 Freising
Telefon 0 81 61/60 01 59

Landratsamt Landshut
Veldener Straße 15
84036 Landshut
Telefon 08 71/40 81 44

Landratsamt Pfaffenhofen
Hauptplatz 22
85276 Pfaffenhofen a. d. Ilm
Telefon 0 84 41/2 72 59

SCHLOSS RATZENHOFEN

Schloss Ratzenhofen

Dorfstraße 32
84094 Elsendorf

Telefon 0 87 53/9 10 0 22
Telefax 0 87 53/9 10 0 24

Schloss Ratzenhofen im Hallertauer Hopfenland ist ein beliebtes Ausflugsziel für alle, die etwas Außergewöhnliches suchen. Allein das Anwesen an sich – mit seinem malerischen Schlossgarten und romantischen Innenhof – ist ein Besuch wert, ganz zu schweigen von dem idyllischen Biergarten sowie den vielen Veranstaltungen und stimmungsvollen Festen, die auf Ratzenhofen stattfinden und gefeiert werden.

Das Schloss in seiner jetzigen Form besteht seit 1767, zuvor war es eine Burg, eine „Fes-

ELSENDORF

te". Die Besitzerfolge der Burg lässt sich bis in das Jahr 1047 zu Eberhard von Ratzenhofen urkundlich nachvollziehen, jedoch dürfte die erste Besiedlung 3000 Jahre zurückliegen.

1377 gelangte die Burg in den Besitz der Herzöge von Bayern-Landshut, unter deren Herrschaft das Anwesen als Pfleggericht und Kastenamt diente. Der eigentliche Baukörper wurde durch den Bau einer Taverne, umfangreicher Stallungen – für die Pferde des Pflegers, der Herzöge und der Turnierritter –, Unterkünfte für das Hofgesinde sowie ein Gefängnis erweitert.

1475 heiratete der Landshuter Herzogssohn Georg der Reiche von Niederbayern die polnische Königstochter Hedwig und vereinte damit das christliche Abendland. Diese „Landshuter Hochzeit" war ein epochales Ereignis, an welches die Stadt Landshut alle vier Jahre mit einem mehrtägigen historischen Fest erinnert. Jedenfalls reisten damals die Jungvermählten mit der Gesamtheit ihrer Knechte und Mägde sowie zahlreichen Wagen- und Reitpferden noch im selben Jahr nach Ratzenhofen.

Die heutigen Besitzer, Hannelore und Georg Zierer, pflegen und erhalten die Tradition der Feste auf Ratzenhofen. Der Biergarten mit großem Kinderspielplatz neben dem Schloss zieht von April bis Ende September (Freitags und Samstags ab 15 Uhr, Sonntags und Feiertags ab 10 Uhr) zahlreiche Besucher an. Bei schönem Wetter ist kaum Platz zu bekommen, dann geht es bayerisch gemütlich zu, am Sonntag sogar zünftig mit Musik. Ob die Tanzmusi zum Boarischen Tanz aufspielt, die Blasmusik den Ton angibt oder Dixieland-Musik zum Vatertagsfrühschoppen für Stimmung sorgt, von nah und fern kommen die Besucher, um unter den stattlichen Kastanien das Bier aus Steinkrügen zu trinken. Viele fahren mit dem Rad am Abensradweg entlang oder schauen sich, von Mainburg kommend, auf dem Erlebnispfad „Hopfen und Bier" noch die informativen Schautafeln an, bevor sie bei der achten Station, Ratzenhofen, einkehren. Andere kommen zu Fuß auf den gut ausgebauten und beschilderten Wanderwegen daher, und ganz Bequeme erreichen das Schloss über die Ausfahrt Elsendorf der A93.

Für Kinder bietet Ratzenhofen ganz besondere Erlebnistage bei jedem Wetter. Im Schlosshof finden Aufführungen von Kasperl- und Kindertheater statt und am Indianertag können abenteuerlustige Sprößlinge am Lagerfeuer Brot backen, Pfeilspitzen aus Feuerstein herstellen und im Tippi indianische Märchen anhören. Ein Festival der Sinne sind die Kunst- und Handwerksmärkte auf Ratzenhofen, bei denen in jedem Winkel des Anwesens Kreativität und Ästhetik zum Ausdruck kommt.

Für die besonderen Anlässe im Leben bietet das Schloss Ratzenhofen unvergleichliche Kulissen. Der üppig bewachsene Innenhof und der Gewölbefestsaal sind für Hochzeiten und andere Familienfeiern so beliebt, dass es regelrechte Wartelisten gibt, um das eigene Fest dort ausrichten zu können. Aus kulinarischer Sicht sind die historischen Festessen nach Originalrezepten ein Geheimtipp für Genießer. Bei Kerzenlicht und zu den Klängen zeitgenössischer Musik werden angemeldete Gäste verköstigt. Die offizielle Eröffnung der Biergartensaison findet um den 23. April, dem „Tag des Bieres", statt. Dazu gibt es kulinarische Schmankerl wie Bierbraten, Biersuppe und Bierbowle. So beginnt ein neuer Veranstaltungszyklus, der den Sommer angenehm verbringen lässt. Das aktuelle Sommerprogramm kann ab März angefordert werden und ist auch im Internet ersichtlich.

HOPFENVEREDLUNG ST. JOHANN

**Hopfenveredlung
St. Johann GmbH & Co. KG**

Mainburger Straße 15
93358 St. Johann/Hallertau

Telefon 0 94 44/8 78 -0
Telefax 0 94 44/8 78 -1 78

St. Johann ist zwar nur ein kleiner Ort in der Hallertau, in der „Bierwelt" hat er aber einen enormen Stellenwert. Die Hopfenveredlung St. Johann ist das weltweit größte Werk, in dem Hopfen zu Pellets verarbeitet wird. Hopfenextrakte werden im Schwesterunternehmen NATECO$_2$ in Wolnzach hergestellt. Es wird überwiegend Hopfen aus der Hallertau, aber auch aus anderen deutschen und europäischen Anbaugebieten verarbeitet und in über 120 Länder exportiert. Gesellschafter beider Werke sind das weltgrößte Hopfenhandelshaus Joh. Barth & Sohn mit Sitz in Nürnberg und die HVG, Hopfenverwertungsgenossenschaft e.G., die Erzeugergemeinschaft deutscher Hopfenpflanzer.

Hopfen als einziges Gewürz des Bieres wird im Sudhaus der Brauerei der heißen Bierwürze zugegeben. Je nach Biertyp und Hopfensorte benötigt man nur ein halbes bis vier Gramm für einen Liter Bier. Die Bitterstoffe, etherischen Öle und Gerbstoffe des Hopfens verleihen dem Bier sein Bittere sowie sein Hopfenaroma und verbessern die Vollmundigkeit. Daher wird Hopfen auch die „Seele" des Bieres genannt.

Früher wurde in Brauereien Naturhopfen, also unzerkleinerte Hopfendolden, eingesetzt. Da die empfindlichen Inhaltsstoffe natürlichen Schwankungen unterliegen, waren Geschmacksunterschiede im fertigen Bier die Folge. Hopfenprodukte wie Pellets und Extrakte haben eine homogene Qualität und sind gut lagerfähig. Das mag für den Genießer, der sich nach getaner Arbeit im Sommer im Biergarten eine frische Halbe gönnt, nicht so relevant sein, für Brauereien ist es jedoch ein handfester wirtschaftlicher Faktor. Nur noch wenige Brauereien verwenden deshalb Naturhopfen.

In den letzten Jahren wurde die traditionelle Rohhopfenlogistik umgestaltet. Die früher üblichen 2-Meter-großen, 75 kg schweren Landballen lassen sich schlecht stapeln und benötigen viel Lagerfläche. Mitte der 90er Jahre begann die Hopfenbranche auf Rechteckballen umzustellen. Diese lassen sich stapeln, besser transportieren und automatisch verarbeiten.

Die wichtigsten Inhaltsstoffe des Hopfens, Bitterstoffe und etherischen Öle sind im Lupulin zu finden. Diese kleinen, gelben, klebrigen Körnchen werden von den Doldenblättern umschlossen. Bei der Herstellung von Pellets werden zwei Verfahren unterschieden. Pellets Typ 90 enthalten alle Bestandteile, wie sie in der Dolde vorkommen. Für ihre Herstellung wird Hopfen auf einen Wassergehalt von 8 bis 9 Prozent getrocknet. Er wird vermahlen, das Pulver in einem Mischer homogenisiert und anschließend zu Pellets gepresst.

Beim Herstellen von Pellets Typ 45 wird das Pulver nach der Vermahlung gesiebt, um darin das Lupulin anzureichern. Dieser Prozess wird bei kalten minus 35 °C durchgeführt, da hierbei Lupulin seine Klebrigkeit verliert. Nach dem Pelletieren werden die Produkte unter Schutzgasatmosphäre in Kunststofffolien abgepackt.

Ein andere Form der Verarbeitung von Hopfen ist die Extraktion. In der NATECO$_2$ (Naturstoffextraktion mit CO$_2$) in Wolnzach werden Extrakte mit verdichtetem Kohlendioxid hergestellt.

In einem Kreisprozess durchströmt CO$_2$ den Hopfen unter einem Druck von 200 bis 300 bar und löst dabei schonend die etherischen Öle und Bitterstoffe. Der gewonnene Extrakt wird in Dosen oder Fässer abgefüllt. Neben Hopfen werden in der NATECO$_2$ auch andere Naturstoffe wie Tee, Kakao und Gewürze verarbeitet.

Um die Frische des Hopfens durch eine ununterbrochene Kühlung zu erhalten, stehen in St. Johann zwei Rohhopfen-Kühlläger für über 120000 Rechteckballen des „grünen Goldes" und weitere zwei Kühlläger für rund 11000 Paletten mit Hopfenprodukten. Dank eines elektronischen Lagerverwaltungssystems können die Produkte von den Kunden, den Brauereien, „just-in-time" abgerufen werden.

Die Forschungsbrauerei St. Johann ist in das werkseigene Besucher- und Schulungszentrum integriert. Sie umfasst alle Merkmale eines Produktionsbetriebes. Im 200-Liter-Maßstab können Biere aller Art auf höchstem Qualitätsniveau und reproduzierbar hergestellt werden. Hier beantworten Experten zum Beispiel ganz spezifische Fragen zu individuellen Brauprozessen oder testen besondere Rezepturen, neue Rohstoffe und Biersorten.

Im eigenen Verkosterpanel werden die Biere dann auch von Fachmännern und -frauen beurteilt. Durch intensive Zusammenarbeit mit führenden Instituten, Lehranstalten und den Entwicklungsabteilungen der Brauereien findet hier Forschung für die Praxis statt.

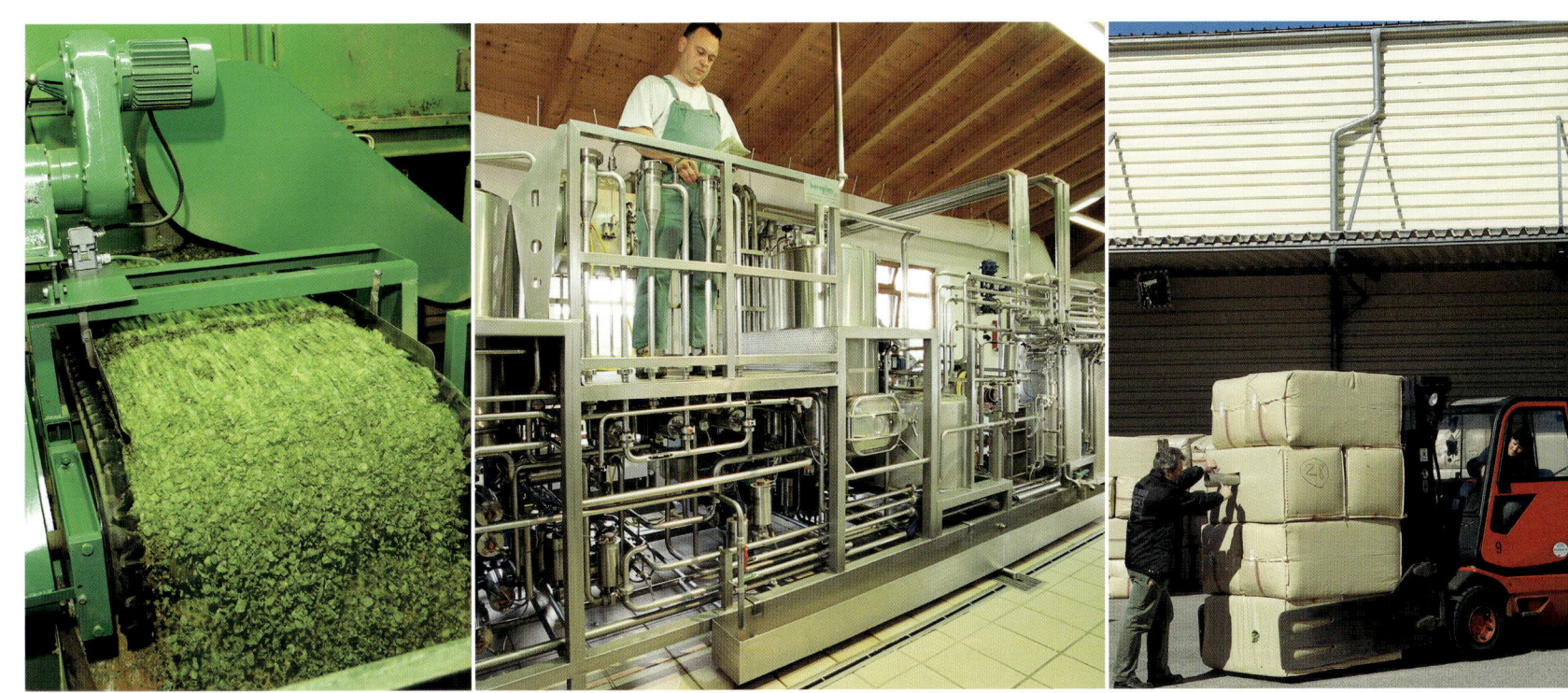

SCHMIDMAYER BRÄU

Schmidmayer Bräu

Hopfenstraße 3
93354 Siegenburg

Telefon 0 94 44/97 22 22
Telefax 0 94 44/97 21 56

Bräustüberl

Telefon 0 94 44/4 53
Telefax 0 94 44/86 14

Ruhetag: Montag
Dienstag ab 17 Uhr geöffnet

Im Ortskern von Siegenburg stehen sich getreu dem Motto „Kirche und Wirtshaus" die als „Holledauer Dom" bezeichnete Pfarrkirche St. Nikolaus und die 1275 gegründete Brauerei mit ihrem Bräustüberl gegenüber. Auf dem stillgelegten Kamin des Schmidmayer Bräu nisten seit über 40 Jahren Störche. Jahr für Jahr ziehen sie ihre Jungen auf, entlassen sie in die große weite Welt und bleiben selbst am Ort, wo ihnen die schönen Wiesen und Auen der nahegelegenen Abens als Nahrungsreservoir dienen. Die Namen der Brauerei und ihrer Besitzer, Schmidmayer und Wittmann, stehen in der Region für Qualität in Sachen Bier. Einst heiratete Amalie, die Schwester des Gutsherren und Brauers Otto Schmidmayer, August Wittmann aus Oberhaunstadt. Da sowohl Otto als auch seine beiden Brüder ohne Erben blieben, ging der Besitz der Brauerei an Amalie und später an ihren Sohn Karl. Stefan und Simon Wittmann, Amalies Enkel und Urenkel, führen heute die Siegenburger Spezialitätenbrauerei und legen Wert auf einen umfassenden Service am Kunden. Von kleinen Geschenkideen bis zur Ausrichtung großer Veranstaltungen mit Catering ist alles möglich.

Beliebt sind etwa die 2-Liter-Bügelflaschen, die man mit eigenem Etikett versehen lassen kann, um, wie früher üblich, das unfiltrierte, naturtrübe Kellerbier (Zwickelbier) direkt an der Brauerei abzuholen. Das Sortiment der Siegenburger Spezialitätenbrauerei umfasst das in Flaschen gärende Weizenbier „Schimmel Weiße" und das untergärige Lagerbier „Holledauer Florian", bei dem der Schutzpatron der Brauer und Feuerwehr Pate stand.

Mit dem „75" bietet die Brauerei in auffallend orangefarbenen Trägern ein erfrischendes Pils in der 0,33-Liter-Flasche an, das mit seinem modernen Etikett an das Gründungsjahr der Brauerei 1275 erinnert.

SIEGENBURG

In dem Bräustüberl direkt neben der Brauerei laden Jürgen und Carmen Nocker zu gut bürgerlicher Küche auf hohem Niveau ein. Aus dem Allgäu stammend, lernte Jürgen Nocker während seiner Zeit zur Vorbereitung auf die Meisterprüfung in Regensburg die Hallertau lieben und schätzen.

So ist es nicht verwunderlich, dass er sich nach Stationen in unterschiedlichen Gastronomiebetrieben im Bräustüberl etablierte. Hier serviert er vorwiegend feinste schwäbische Spezialitäten und bietet je nach Jahreszeit eine saisonale Karte mit frischen Produkten der Region an. Bei schönem Wetter lädt die Terrasse unter den Plantanen zum Verweilen ein, um den schönen Blick auf die Kirche und den Marienplatz zu genießen.

Kresseomelett mit Spargel

Zutaten

1,6 kg Spargel
Zucker, Salz
Zitrone
12 Eier
4 Schalen Kresse
Butter
400 g Parmaschinken
Für die Sauce hollandaise:
4 Eigelb
100 g geklärte Butter
2 cl Weißwein
Zitrone
Cayennepfeffer

Zubereitung

Den Spargel schälen und die Enden abschneiden. In vier Portionen teilen und mit Küchengarn bündeln. Wasser mit Salz, Zucker und Zitrone aufkochen und den Spargel darin 10 bis 12 Min. köcheln lassen.

Für die Sauce hollandaise Eigelb, Wein und 1 EL Wasser mit einem Schneebesen im warmen Wasserbad schaumig schlagen. Die geklärte Butter tropfenweise unterziehen und die Sauce cremig rühren. Mit Zitrone, Salz und Cayennepfeffer würzen.

Für die Omeletts die Eier in einer Schüssel verquirlen, salzen und die Kresse untermischen. Die Eier in einer gebutterten Pfanne portionsweise von beiden Seiten zu Omeletts ausbacken. Die Omeletts auf Teller geben, mit Sauce bestreichen, mit Schinken und Spargel belegen und zusammenklappen. Mit Kresse garnieren. Neue Kartoffeln und geklärte Butter dazu servieren.

HOPFENZUPFERMEISTERSCHAFT

**Hopfenzupfermeisterschaft
Markt Siegenburg**

Marienplatz 13
93354 Siegenburg

Telefon 0 94 44/97 84 -0
Telefax 0 94 44/97 84 -24

Die Marktgemeinde Siegenburg in der nördlichen Hallertau richtet seit 1977 jedes Jahr Mitte August, zu Mariä Himmelfahrt, im Rahmen eines Bürgerfestes die Deutsche Hopfenzupfermeisterschaft aus. Dabei verwandelt sich der geräumige Marktplatz, in dessen Mitte die fast zehn Meter hohe Mariensäule mit der vergoldeten Figur der betenden Maria steht, in einen großen Festplatz. Holzbuden mit kulinarischen Schmankerln und Getränken stehen im Rathausinnenhof sowie viele Biertischgarnituren auf dem Marktplatz, von denen man einen Blick auf die mit frischen Hopfenreben verzierte Holzbühne vor dem Rathaus hat. Der Wettbewerb soll die Erinnerung an die bis etwa 1960 übliche Hopfenernte aufrecht erhalten.

Wo heute Maschinen eingesetzt werden, um die Hopfendolden von den Hopfenreben zu trennen, waren früher unzählige Menschenhände emsig damit beschäftigt, im Akkord die Dolden von den Pflanzen zu zupfen. Für diese Arbeit kamen Zehntausende von Hilfskräften in die Hallertau, die sich in den drei Erntewochen etwas Geld verdienen und nach getaner Arbeit beim Bauern satt essen wollten. Es kamen vor allem Menschen aus armen Gegenden Bayerns, etwa dem Böhmerwald, der Oberpfalz oder den Städten der Umgebung. Oft waren es ganze Familien, von den Großeltern bis zu den Enkeln. Sie reisten mit der Bahn, dem Wagen oder auch zu Fuß an, schliefen im Heu und pflückten drei Wochen lang von Sonnen-

MARKT SIEGENBURG

aufgang bis Sonnenuntergang. Die „Stangler" lösten dabei die Hopfenreben aus den Drahtgerüsten und die Pflücker zupften die Dolden in große Weidenkörbe. Wenn ein Korb voll war, wurde der gepflückte Hopfen in das Meßgefäß, den „Metzen", geschüttet, der ein Fassungsvermögem von 60 Liter hatte. Das Hopfenzupfen fand je nach Wetter und Betrieb direkt am Feld oder in der Tenne des Hofes statt. Oft stand der Bauer selbst an den Reben, um sie mit einem Schlagmesser in Stücke zu trennen und den Zupfern vor den Korb zu werfen. Das „grüne Gold" der Hallertau sollte möglichst rein gezupft werden, Blätter und Ranken hatten in den Weidenkörben nichts zu suchen. Pro Metzen bekamen die Arbeiter eine Blechmarke – ein „Blechel" – mit den eingeprägten Initialen des Bauern, das sie nach abgeschlossener Ernte gegen bare Münze getauscht bekamen.

Die letzte Hopfenrebe diente meist zum Schmücken der Abreißstange des „Stanglers" und zum Binden von Hopfensträußen und -kränzen. Froh gelaunt zogen die Helfer dann zurück zum Bauernhof, wo ihnen der Bauer das Geld ausbezahlte. Es folgte das lang ersehnte und freudig begrüßte „Hopfenzupfamahl", bei dem alle beisammen saßen und sich bei einem guten Bier und einem deftigen Braten satt aßen. Nach dem Mahl spielten Musikanten zum Hopfentanz auf, deren Musik man auch spät abends über die abgeernteten Felder noch weit ins Land hinaus hörte. Heute erinnert nur noch wenig an die Romantik jener arbeitsreichen Tage, denn längst haben Maschinen den Arbeitsaufwand rationalisiert. Bei der Hopfenzupfermeisterschaft in Siegenburg wird in Anwesenheit der Hopfen- und Festköniginnen ermittelt, wer am schnellsten und am saubersten in 5 Minuten die Dolden in die Metze füllt, „hopfazupft". Unter den strengen Augen der Schiedsrichter treten immer fünf bis sechs Leute gleichzeitig an, um den Hopfen in ihre Körbe zu zupfen. Nach der abgelaufenen Zeit sammeln die Prüfer sogleich die Körbe ein und halten sie unter Aufsicht, bis alle Teilnehmer ihr Können unter Beweis gestellt haben. Was folgt ist die Bewertung des Inhaltes eines jeden Korbes: „Ist der Hopfen sauber gepflückt, wieviel wiegt er?". Anschließend haben die Festbesucher die Möglichkeit, den gesamten handgezupften Hopfen nach Gewicht zu schätzen.

Siegenburg hat 1846 als dritter Ort nach Wolnzach und Au in der Hallertau das Siegelrecht für Hopfen bekommen. Das Siegenburger Heimatmuseum im Gebäude der ehemaligen Markthalle an der Ingolstädter Straße zeigt dazu Dokumente sowie verschiedene Gerätschaften für den Umgang mit Hopfen. So sind etwa die Beschriftung und Kennzeichnung eines Hopfenballens aus dem Siegelbezirk Siegenburg sowie eine Presse zur Erstellung eines Hopfenmusters, wie es früher den Händlern zur Prüfung geschickt wurde, zu sehen.

ZUM KUCHLBAUER

**Brauerei-Gasthof
Zum Kuchlbauer**

Am Stadtplatz 2
93326 Abensberg

Telefon 0 94 43/14 84
Telefax 0 94 43/90 31 88

Ruhetag: Dienstag

In Abensberg, dem nördlichen Tor zur Hallertau, lädt die Altstadt zum Verweilen ein. Die Gebäude mit ihren steilen Giebelbauten und kleinen Erkern stammen aus dem Mittelalter und schließen den Stadtplatz ein.

Hier steht der Brauerei-Gasthof Zum Kuchlbauer, Stammhaus der gleichnamigen Brauerei im Ort. Ein Schild am Eingang weist den Weg ins Haus: „Wir haben lauter nette Gäste, aber Sie fehlen uns noch."
Schon beim Eintreten nimmt man das gepflegte, stilvolle Ambiente der Räumlichkeiten wahr, die je nach Saison ansprechend dekoriert sind.

Hans-Peter Rickinger und seine Frau Karin wissen, wie man sich um das Wohlbefinden eines jeden Gastes kümmert. Die Speisekarte präsentiert saisonale Gerichte. Der Chef persönlich bereitet die Spezialitäten der Region zu: Hopfenspargel, Spargel und Altmühltaler Lamm. Eine kulinarische Besonderheit ist der Schweinebraten in Alte-Liebe-Biersauce.

Wer Hopfenspargel probieren möchte hat dazu nur wenige Tage im Jahr Gelegenheit, denn die frischen Sprossen der Hopfenpflanzen gibt es nur zu Beginn einer jeden neuen Hopfensaison. Spargel dagegen kann man 55 Tage lang genießen, von Mitte April bis zum 24. Juni.

Spargel hat beim Kuchlbauer Tradition, rief doch der Großvater des Brauereibesitzers in den 20iger Jahren des letzten Jahrhunderts den feldmäßigen Spargelanbau in Abensberg ins Leben. Abensberg war eben damals

ABENSBERG

Abensberger Spargel mit hausgemachtem Altmühltaler Lammschinken, neuen Kartoffeln und geklärter Butter

Zutaten

20 kleine neue Kartoffeln
2 kg Abensberger Spargel
500 g Butter zum Klären
300 g Lammschinken
Zum Spargelkochen:
Salz
Zucker
1/2 Zitrone
wenig Butter

Zubereitung

schon „immer eine Spargelspitze voraus". Wer sich persönlich davon überzeugen will, der kann während der Spargelsaison täglich um 11.30 Uhr vor dem Gasthof eine drei Meter hohe Spargelstange aus Marmor aus dem Boden wachsen sehen. Zu diesem „Spargelschuss" erklingt das Glockenspiel am Rathaus.

Gruppen bis zu 30 Personen werden stilgerecht im Napoleonzimmer verköstigt. Hier erinnert alles an Napoleon, vom eingerahmten Tagesbefehl zur Schlacht von Abensberg bis hin zur Einrichtung.

Für größere Feste öffnet sich eine Wand im Gastraum und gibt den historischen, sehr edel wirkenden Gewölbesaal frei. Er ist liebevoll restauriert und weist Kronleuchter aus Schmiedeeisen mit stilisierten Hopfenranken auf. Hier haben bis zu 200 Personen Platz, um etwa Künstler auf der Bühne zu erleben.

Dazu trinkt man ein gepflegtes Bier, natürlich aus der hauseigenen Brauerei: Die Weissbierspezialitäten „Kuchlbauer Weisse", „Alte Liebe" und „Sportsfreund" sind alljährlich verfügbar. Neu ist das speziell für die Spargelsaison kreierte „Oh, là, là Weisse", ein Kunstgenuss-Happening für Kreative, das stilgerecht in den eigens dafür geblasenen, schlanken 0,2-l-Gläsern getrunken wird. Das erste Glas als Aperitif brut, appetitanregend, den Gaumen vorbereitend auf ein köstliches Spargelmenü. Ein weiteres Glas mit viel Hefe, zum Genießen als Digestif, demi sec, gesund und verdauungsfördernd. Ein Bierchen mit prächtigem Schaum, zur Feier des Gourmeterlebnisses.

Die Kartoffeln mit Schale kochen. Den Spargel ab etwa 3 cm unterhalb der Spitze von oben nach unten dünn schälen, das Ende abschneiden. Den Spargel in 4 Portionen aufteilen und mit einer Schnur bündeln. Zum Kochen einen Spargeltopf verwenden, um den Spargel „stehend" zu kochen. Das Wasser soll dabei nur bis knapp unter die Spitzen reichen, damit diese ganz bleiben. Wasser mit Salz, Zucker, Zitrone sowie Butter würzen und aufkochen. Um die Butter zu klären, diese in eine Rührschüssel geben, auf einen mit heißem Wasser gefüllten Topf setzen und langsam zerlaufen lassen. Die sich absetzende Molke mit einem Schaumlöffel abschöpfen. Die geklärte Butter durch ein feines, mit einem Blatt Küchenkrepp ausgelegtes Sieb laufen lassen. Die Spargelbündel in das kochende Wasser geben und etwa 20 Min. ziehen lassen; das Wasser darf dabei nicht sprudelnd kochen. Den Lammschinken hauchdünn aufschneiden. Die Kartoffeln pellen und ganz lassen. Spargel, Schinken und Kartoffeln auf Tellern anrichten. Die Butter separat dazu reichen.

HOTEL EISVOGEL

Ein Juwel bayerischer Gastlichkeit erwartet den Reisenden im Kurort Bad Gögging, im nördlichen Randgebiet der Hallertau. Im gehobenen Landhausstil präsentiert sich hier das Hotel »Eisvogel« als eine Oase der Ruhe und Erholung. Schon die malerische Lage des Hauses mit seinem Biergarten unter alten Kastanien, direkt an dem naturbelassenen Flusslauf der Abens, lockt Gäste von nah und fern. Die erfolgreiche Geschichte des Hauses begann vor gut 50 Jahren. Einst als kleines Café eröffnet, in dem sich Kurgäste und Tagesausflügler an feinen Kuchen und prächtigen Torten der hauseigenen Bäckerei und dem Anblick der an der Abens heimischen Eisvögel gleichermaßen erfreuten, ist das Familienunternehmen im Laufe der Zeit kontiniuierlich gewachsen. Für die Erhaltung der Tradition und den hohen Anspruch zeichnen heute die Familien Zettl und Zettl-Feldmann verantwortlich. Großzügige und geschmackvoll eingerichtete Zimmer laden zum längeren Verweilen ein. Wellnessangebote in der hoteleigenen Bäderabteilung sowie dem angrenzenden Schwefelbad »Römerbad« lassen dabei den Alltag außen vor.

Dass bayerische Gastlichkeit und der persönliche Charakter des Hauses Hand in Hand gehen, dokumentiert die monatlich erscheinende hauseigene Wirtschaftszeitung. Sie dient als Speisekarte, Informationsschrift über Brauchtum und Ereignisse sowie als Andenken für jeden Gast. Die zeitaufwändige Lektüre lässt einem im wahrsten Sinne des Wortes das Wasser im Mund zusammenlaufen, denn Küchenchef Werner Hedler verwöhnt zusammen mit seiner Frau Hildegard und seinem eingespielten Team alle Gourmets mit saisonalen Köstlichkeiten und kulinarischen Besonderheiten. Im Frühjahr, kurz bevor der Hopfen im Umland sich mit

Gasthof und Hotel Eisvogel

An der Abens 20
93333 Bad Gögging

Telefon 0 94 45/96 90
Telefax 0 94 45/84 75

BAD GÖGGING

Eisvogel's Hopfensprossensuppe

Zutaten

1 Suppentasse frische Hopfensprossen
1/2 Zwiebel mittlerer Größe
2 EL Butter oder Fett
2 EL Mehl
1/2 l Fleischbrühe
Salz
Pfeffer
Muskat
1–2 Semmeln
etwas Butter
zum Rösten der Semmeln

Zubereitung

Von den frischen Hopfensprossen die unteren holzigen Teile entfernen. Die Hopfensprossen in Salzwasser blanchieren und abseihen.
Die Zwiebel schälen und fein hacken. Mit der Butter und dem Mehl eine hellgelbe Einbrenne herstellen und die gehackten Zwiebeln dazugeben. Mit der Fleischbrühe aufgießen und das Mehl noch etwas auskochen lassen.
Die Suppe mit etwas Salz, Pfeffer und Muskat würzen.
Die Semmeln in dünne Scheiben schneiden und in Butter goldgelb rösten.
Die Hopfensprossen in die Suppe geben und diese nochmals kurz aufkochen lassen.
Die Suppe in Tellern mit den gerösteten Semmelscheiben anrichten und servieren.

seinen neuen Blattranken dem Himmel entgegenreckt, werden die kostbaren Hopfensprossen aus den Wurzelstöcken der Hopfenpflanzen geerntet. Diesem auch als Hopfenspargel bezeichneten Gemüse wird im Eisvogel eine Extrakarte gewidmet, aus der auch das hier vorgestellte Rezept stammt. Eine rare Delikatesse, die Feinschmecker zu schätzen wissen.
Im Winter gibt es jeden 1. Donnerstag im Monat »Urbayrisches« zu kosten. Die Rezepte dieser Schmankerl stammen aus längst vergangenen Zeiten und haben schon die Gaumen vieler Generationen geschmeichelt: aufgeschmalzne Brotsupp'n, Erdäpflbradl, Knöcherl, handgrimme Kartoffelknödel und Kartoffelmaultaschen. Doch nun zum Bier: Ein absoluter Höhepunkt im Jahreslauf der Eisvogel-Veranstaltungen ist das traditionelle Starkbierfest, zu dem Volkstheater und -musik nicht fehlen darf. Beste Stimmung und viel Spaß sind garantiert.
Überhaupt zeigt sich der Eisvogel als musikantenfreundliches Wirtshaus. Alle Hobby- und Freizeitmusiker sind unter diesem Motto herzlich willkommen, Kostproben ihres Könnens zu zeigen. Als Lohn dafür winken Bier und Brotzeit.

Bayerischer Jura

Jura ist ein Begriff mit verschiedenen Bedeutungen. Im geologischen Sinne bezeichnet Jura das Zeitalter vor 140 bis 200 Millionen Jahren, in dem Saurier an den Lagunen der Jurameere lebten. Die mittlere erdgeschichtliche Formation des Mesozoikums umfasst drei verschiedene Juraepochen und die daraus abgeleiteten Gesteinsschichten heißen ebenfalls Jura.

Das Bayerische Jura ist jener Teil Bayerns, der während der Eiszeit zwischen den Ausläufern der Alpen und den skandinavischen Gletschern eisfrei, unvergletschert geblieben ist. Keine politische Grenze markiert seine Umrisse, vielmehr dienen zahlreiche Flüsse als verbindende Elemente zwischen zwei Regierungsbezirken und vier Landkreisen.

Im Jura liegen Wassermangel und Wasserreichtum eng beieinander. Der den Untergrund bildende Kalkstein ist wasserlöslich. Regen versickert schnell, bildet Klüften, Spalten und Höhlen, um dann an anderer Stelle als kristallklare Karstquelle wieder zu Tage zu treten. Die Vegetation hat sich dem Mangel an Wasser und dem mageren, flachgründigen Boden angepasst. Magerrasen – mit der Silberdistel und der Küchenschelle als seine Leitpflanzen – und Wacholderheiden prägen die Hänge im Bayerischen Jura. Die Talauen dagegen führen Wasser fast im Überfluss. Wie stark die Kraft des Wassers auf Kalkstein ist, zeigt der Donaudurchbruch bei Weltenburg. Ursprünglich strömte die Urdonau noch durch das weiter nördlich gelegene Tal der Altmühl. Vor 150 000 Jahren veränderte sie ihren Lauf und suchte ihren Weg durch die Weltenburger Enge. Die Besiedlung der Region erfolgte an den Flüssen. Schon lange vor Christus war den Menschen der Region der Reichtum an Eisenerz bekannt. Ein solches frühgeschichtliches Industriegebiet befindet sich im Wald nahe der Befreiungshalle Kelheims. Noch heute ist an den tiefen Mulden zu erkennen, wo Erz geschürft wurde. Informationstafeln er-

Sulzbach

Essing

Kelheim

Schloss Prünn

Riedenburg

klären dem Interessierten die Zusammenhänge.

Der südliche Teil des Bayerischen Jura bildete auch die Grenze zwischen dem Römischen Reich und den unbesetzten Gebieten Germaniens. Dort wo natürliche Hindernisse fehlten, bauten die Römer den Limes, ein Befestigungswall mit Wachtürmen und Lagern zum Schutz ihres Machtbereichs. Bei Hienheim im Landkreis Kelheim machen Reste eines Lagers und der Nachbau eines Wachturmes diese Geschichte lebendig.

Im Nordosten erstreckt sich der Bayerische Jura auf den Landkreis Amberg-Sulzbach. Kulturliebhaber betrachten die Gegend unter historischen Gesichtspunkten und bewegen sich gerne entlang der „Goldenen Straße". Diese alte Handelsstraße führte zu Zeiten Kaiser Karl IV. von Nürnberg über Sulzbach, Weiden und Pilsen bis nach Prag und brachte Wohlstand und Reichtum in die Region.

Ein dichtes Netz von Rad-, Wander- und Reitwegen bietet Gelegenheit, die schönsten Seiten des Juras kennen zu lernen. Kletterbegeisterte finden an speziell ausgewiesenen Jurafelsen beste Möglichkeiten zum Klettern. Wer sein Handicap verbessern will, sucht die schönen Golfplätze auf.

Zur gemütlichen Einkehr bieten sich zahlreiche Wirtshäuser mit gepflegter Gastlichkeit sowie schöne Biergärten mit heimischem Bier an. Hochwertige Braugersten und -weizen der Jurahochflächen, frisches klares Wasser und der aromatische Hopfen aus der Hallertau dienen den Spezialitätenbrauereien der Region als Grundstoffe. Ob Helles, Dunkles, Weizen, Märzen, Bockbier oder Pils, für jeden Geschmack gibt es das passende Bier.

Dass Hopfen nicht nur zum Bierbrauen, sondern auch als Zierde dient, beweisen die im ausklingenden Sommer auf Künstler- und Wochenmärkten angebotenen Kränze und Gestecke sowie hübsche Töpferwaren mit Hopfenmotiven. Gerne werden auch ganze Hopfenranken in Wohnräumen und Gaststuben aufgehängt, da trockener Hopfen der Feuchtigkeitsregulierung dient. Er nimmt feuchte Luft auf und gibt die Feuchtigkeit bei trockener Luft wieder ab. Zudem hält Hopfen im Raum Spinnen fern.

KLOSTERSCHENKE WELTENBURG

Klosterschenke Weltenburg

Asamstraße 32
93309 Kelheim-Weltenburg

Telefon 0 94 41/67 57 -0
Telefax 0 94 41/67 57 -25

Winterruhe:
Mitte November bis Mitte März

Bier und Barock haben sich in Weltenburg – mit der ältesten Klosterbrauerei der Welt und der in der Blütezeit der Gebrüder Asam ausgestatteten Abteikirche – zur Perfektion zusammengefunden.

Das malerisch am Anfang des beeindruckenden Donaudurchbruchs gelegene Kloster wurde um 600 n. Chr. von Wandermönchen gegründet, um das Herzogtum Bayern zu missionieren. Seit 1050 wird in dem Kloster Bier gebraut, wie eine Urkunde belegt. Sie weist eine Güterschenkung an das Kloster aus, die eine jährliche Lieferung von sieben Scheffel Malz zwischen Weihnachten und März sicherstellte. Und sie diente wohl, um Fastenbier zu brauen. Gemäß der Ordensregel „Flüssiges bricht das Fasten nicht" war es Mönchen während der Fastenzeit erlaubt, das nährstoffreiche Bier zu trinken.

Die älteste Klosterbrauerei ist nun eine moderne Kleinbrauerei von Weltruhm. Erst kürzlich wurde das „Weltenburger Kloster Barock Dunkel" bei der Bierolympiade in den USA zum besten Dunklen der Welt gekürt. Am stilvollsten lässt es sich jedoch in der Klosterschenke Weltenburg trinken, die einen der schönsten Biergärten Bayerns ihr eigen nennt. Unter der Leitung der Familie Röhrl, mittlerweile in der 3. Generation, ist

KELHEIM

Matjes-Heringsfilet mit Sauerrahm, Äpfeln, Zwiebeln und Dampfkartoffeln

Zutaten für 1 Person

2 Heringsfilets, in Öl eingelegt
Für die Marinade:
3 EL saure Sahne (Sauerrahm)
3 EL Joghurt
Apfel, in Scheiben geschnitten
Essiggurken, klein gewürfelt
Salz, Pfeffer, Zitronensaft
Außerdem:
Salatblätter, rote Zwiebeln
Schnittlauch, Petersilie
Tomatenecken
Radieschen

Zubereitung

die Klosterschenke mit ihren schönen Räumlichkeiten in den alten Klostergemäuern zu einem Publikumsmagnet geworden.
Die reizvolle Lage fernab von lauten Straßen macht Weltenburg zu einem der beliebtesten Ausflugsziele im Landkreis Kelheim, zumal man einen schönen Spaziergang oder eine Radwanderung entlang der Donau mit dem Besuch verbinden muss. Eindrucksvoll ist die Anfahrt auf einem der komfortablen Schiffe, die von Kelheim her die Donau durch die schmale Schlucht hinauf fahren. Den mitgebrachten Appetit weiß Küchenmeister Andreas Jutzas mit seiner Mannschaft aufs beste zu stillen.

Bei der Zubereitung der Speisen legt er Wert auf saisonale Zutaten der Region, denn Frische ist sein oberstes Gebot. Er bietet regionale Küche, fein abgeschmeckt und passend zum frisch gezapftem Klosterbier, das direkt aus dem 40 Meter unter der Erde liegenden Felsenkeller der Klosterbrauerei gezapft wird.

Die Heringsfilets in Stücke schneiden. Für die Marinade saure Sahne, Joghurt, Apfel und Essiggurken miteinander vermengen und mit Salz, Pfeffer und Zitronensaft würzen. Die Heringsstücke unter die Marinade heben. Zum Marinieren in den Kühlschrank stellen. Zum Servieren ein großes Salatblatt auf einen Teller legen, den Matjes auflegen und mit roten Zwiebeln, Schnittlauch, Tomaten und Radieschen garnieren. Dazu Dampfkartoffeln reichen, die mit etwas zerlassener Butter bestrichen werden.

PRIVATE WEISSBIERBRAUEREI G. SCHNEIDER & SOHN

oder nach Terminvereinbarung kann man die Brauerei mit Museum und Diaschau besichtigen und anschließend das Bier in der brauereieigenen Gaststätte Weisses Brauhaus verkosten.

Die Geschichte der Brauerfamilie Schneider ist eng mit der Geschichte des bayerischen Hefeweißbieres verbunden. Weißbier, auch Weizenbier genannt, wird schon seit Jahrhunderten in Bayern hergestellt. 1607 liess Herzog Maximilian I. in München das Hofbräuhaus bauen und sicherte sich das Monopol, Weizenbier zu brauen und zu verkaufen. Außerdem verpflichtete er Münchner Wirte, sein Weizenbier zu kaufen und drohte ihnen mit dem Entzug des Wirtsrechtes falls sie sich weigerten. Die Herstellung des obergärigen Weizenbieres wurde damit zum wirtschaftlich nutzbaren Hoheitsrecht des bayerischen Herrscherhauses: Maximilian I. finanzierte damit seinen Staatshaushalt. Es entstanden mehrere kurfürstliche Weizenbier-Brauhäuser, die dem untergärigen Braunbier der bürgerlichen Brauer gehörig Konkurrenz machten.

Doch Mitte des 18. Jahrhunderts verbesserten diese ihre Rezepturen, die Popularität

**Private Weissbierbrauerei
G. Schneider & Sohn GmbH**

Emil-Ott-Straße 1–5
93309 Kelheim

Telefon 0 94 41/70 50
Telefax 0 94 41/70 51 90

Kelheim, die sympathische Stadt am Zusammenfluss von Altmühl und Donau, lädt zum Verweilen ein. Ausflugsschiffe bieten Fahrten auf beiden Flüssen an, um die faszinierende Landschaft zu erleben. Kunst- und Kulturliebhaber können das monumentale Wahrzeichen der Stadt besichtigen: Die Befreiungshalle auf dem Michelsberg, die König Ludwig I. von Bayern in Erinnerung an die Befreiungskriege gegen Napoleon bauen ließ.

Für Bierliebhaber bietet Kelheim jedoch etwas ganz Besonderes: Eine Besichtigung der Privaten Weissbierbrauerei G. Schneider & Sohn. Jeden Dienstag und von Mai bis Oktober auch jeden Donnerstag um 14:00 Uhr

KELHEIM

des Weißbieres sank, die kurfürstlichen Brauhäuser fuhren Verluste ein. 1872 verkaufte der Hof, in Person des Märchenkönigs Ludwig II. deshalb das Recht, Weißbier zu brauen. Und hier kommt jetzt die Familie Schneider ins Spiel. Die Rechte, Weißbier zu brauen, wurden an den königlichen Braumeister Georg Schneider I. verkauft. Dieser erwarb zusammen mit seinem Sohn Georg Schneider II. eine der ältesten Traditionsbrauereien in München, den so genannten Maderbräu im Tal 7, nannte sie „Weisses Bräuhaus" und braute hier seine „Schneider Weisse". Noch heute ist das Stammhaus in München eines der beliebtesten Wirtshäuser der Region. 1927 kaufte Familie Schneider die ehemals herzoglichen Weissen Brauhäuser in Straubing und Kelheim. 1944 ging als Schicksalsjahr in die Annalen der Familie Schneider ein: Die Münchner Brauerei fiel den Bomben zum Opfer. Daraufhin wurde die gesamte Weißbierproduktion nach Kelheim verlegt. Dort ging es erfolgreich weiter: Georg Schneider V. trieb - immer getreu der jahrzehntelangen Tradition – die Modernisierung und den Aufbau der Brauerei stetig voran. Die Kelheimer Weißbier-Ursprünge reichen dabei nachweislich bis 1607 zurück. Somit ist die Weissbierbrauerei G. Schneider & Sohn die älteste Weißbierbrauerei Bayerns. Seit 2000 führt Georg Schneider VI. das Unternehmen.

In Kelheim wird auch heute noch nach alter Handwerkskunst ausschließlich Weißbier gebraut. Es gibt sechs verschiedene Spezialitäten, die alle naturbelassen, nicht pasteurisiert sind: „Schneider Weisse Original", „Schneider Weisse Weizenhell", „Schneider Weisse Kristall", „Schneider Weisse Leicht", „Schneider Weisse Alkoholfrei" und „Aventinus Weizenstarkbier". Das Bier gärt in den Flaschen (außer beim Kristall, das selbstverständlich filtriert ist), wodurch sich das Weißbier mit natürlicher Kohlensäure anreichert.

Das Resultat sind aromatische Biere mit einer ausgeprägten Note der obergärigen Hefe und einem typisch runden, weichen Geschmack. Auskunft über alles Wissenswerte zum Thema liefert das erste Weissbierlexikon der Welt, das auf der Homepage der Brauerei im Internet zu erforschen ist.

Übrigens wird das Originalrezept aus dem Jahre 1864 von Georg Schneider I. zum Brauen der weltberühmten „Schneider Weisse" wie ein kostbarer Schatz gehütet. Die handschriftlich überlieferte Geheimrezeptur wird in der Familie Schneider immer vom Vater auf den Sohn übertragen und im Tresor aufbewahrt. Niemand sonst darf sie lesen – und wo sich der Schlüssel für den Tresor befindet wird auch nicht verraten!

WEISSES BRAUHAUS ZU KELHEIM

Weisses Brauhaus zu Kelheim

Emil-Ott-Straße 1–5
93309 Kelheim

Telefon 0 94 41/34 80
Telefax 0 94 41/34 49

Der Weg ins Weisse Brauhaus zu Kelheim ist leicht zu finden. Steht man auf dem Ludwigsplatz im Zentrum der Altstadt, braucht man nur in südöstliche Richtung die Straße hinunter zu schauen, um das Gebäude der Privaten Weissbierbrauerei G. Schneider & Sohn zu sehen.

Den Eingang zur Traditionsgaststätte weist ein großer Schriftzug an der Wand. Die weitläufigen Bauten dieses kurfürstlichen Anwesens wurden 1607 von Maximilian I. errichtet. Dieses Weisse Brauhaus in Kelheim entwickelte sich zu einem der führenden des gesamten Kurfürstentums. Bis aus 40 Kilometer Entfernung kam die Bevölkerung damals und holte das begehrte Getränk.

„Fräulein, no a Weisse!" hört man auch heutzutage noch, wenn im Weissen Brauhaus Bier bestellt wird. Seit 10 Jahren ist Thomas Wieser der Pächter. Er kam damals aus München, wo er über sechs Jahre im Hofbräuhaus in verantwortlicher Position gewirkt hat.

Seine ganze Erfahrung, seine innovativen Ideen und sein Gespür für die Gäste haben aus dem Weissen Brauhaus eine Adresse gemacht, die weit über die Landkreisgrenzen bekannt und beliebt ist. Die Räumlichkeiten des Hauses sind für jede Gelegenheit und Gruppe geeignet.

Viele Familien sind mittlerweile Stammgäste geworden, denn direkt neben dem schönen Biergarten befindet sich ein Spielparadies für ihre Sprößlinge.

Unter Anleitung und Betreuung von seiner Frau Birgit, die als Heilerziehungspflegerin

KELHEIM

Aventinus-Sabayon auf Walnusseis

Zutaten

4 Eigelb
25 g Zucker
1 Messerspitze Vanillezucker
0,4 l Aventinus
8 große Kugeln Walnusseis
5 g gehackte Pistazien
1 Orange
8 Blatt Zitronenmelisse
20 g Puderzucker

Zubereitung

Eigelb in einem flachen Topf (Sauteuse) mit Zucker und Vanillezucker aufschlagen. Den Topf bei kleiner Flamme auf die Herdplatte stellen, Aventinus der

das Konzept entwickelt hat und auch Kolleginnen für den Job begeistern konnte, werden die Kinder betreut, während die Eltern gut gelaunt im Biergarten sitzen. Bei weniger schönem Wetter bietet sich der Sommersaal zum Verweilen an, ein freundlich heller, frisch renovierter Gewölberaum, der an der Decke den Stammbaum der Familie Schneider zeigt.

Küchenchef Thomas Reither und sein Team sorgen für Abwechslung auf der Tageskarte. Als Zutaten bevorzugt er saisonale Erzeugnisse der Region aus kontrolliertem Anbau und dem eigenen Kräuter- und Gemüsegarten. Für ihn ist Kochen Passion, ein Stück Lebensart. Er gibt sein Wissen gerne weiter und bietet im Winter Kochkurse der gehobenen Art an.

Jeden 1. Mittwoch im Monat bekommen dann 10 bis 12 angemeldete Teilnehmer eine Schürze und eine Mappe mit Rezepten gereicht, und: Los geht's! Unter Anleitung entsteht dann ein 4-Gänge-Menü, das zum Schluss in gemütlicher Runde bestens mundet. Dabei verrät der Küchenchef viele Tipps. Zum Beispiel, dass ein Krustenbraten besonders schmackhaft wird, wenn man frische Kräuter, Eigelb, Salz und Pfeffer vermischt und den Braten im Ofen damit einstreicht. Kochen mit Bier ist für Thomas Reither ein beliebtes Steckenpferd; seine Cremesuppe vom Weizenbier mit Rucola, die Altbayrische Brotsuppe mit Dunkelbier oder das Eisparfait vom Weizenbock auf Orangensauce mit frischer Minze zeugen davon.

Ei-Zucker-Masse zugeben und zu einer festen Masse aufschlagen. Zum Anrichten je zwei Kugeln Walnusseis auf einen gekühlten Teller setzen und die Sabayone darüber geben. Pistazien darüber steuen und den Teller mit Orangenspalten, Melisse und Puderzucker ausgarnieren.

Getränkeempfehlung: „Aventinus Eisbock", das Weizenstarkbier mit 12 % vol. alc. und 28 % Stammwürze. Mahagonifarben, fast schwarz, im Geruch an würzige Pflaumen und Marzipan und im Geschmack an Bananen, Nelken und Feigen erinnernd.

ALTMÜHLTALER LAMM

Die Altmühl ist ihrem keltischen Namen zufolge „der heilige Fluss". Sie entspringt auf der Frankenhöhe, mündet bei Kelheim in die Donau und prägt eine Landschaftsform, die im Bayerischen Jura als Kalkmagerrasen bezeichnet wird. Ihre weiten Wiesentäler, sanften Hügel und malerischen, mit weitläufigen Wacholderheiden versehenen Hänge stellen ein Rückzugsgebiet für zahlreiche bedrohte Pflanzen und Tiere dar. Wenn im Frühjahr die ersten Sonnenstrahlen anfangen, das Land liebevoll zu streicheln, erwachen Enzian, Knabenkraut, Küchenschelle, Echtes Labkraut, Thymian, Wiesensalbei und andere Pflanzen zu neuem Leben. Sie blühen in bezaubernden Farben, duften teilweise verführerisch und dienen Insekten, Schmetterlingen und Vögeln wie Heidegrashüpfer, Schwalbenschwanz und Baumfalke als Nahrungsgrundlage. Um diese einzigartige Artenvielfalt zu erhalten, bedarf es einer schonenden und zugleich regelmäßigen Bewirtschaftung der Flächen, damit sich Büsche und Bäume nicht ausdehnen. Diese Aufgabe übernehmen seit Generationen Schafe, die von ihren Schäfern mit den Hütehunden gemächlich über das Land geführt werden und sich von den frischen Kräutern und Blumen ernähren.

Mit dem Projekt „Altmühltaler Lamm" wird die traditionelle Hüteschäferei gestärkt und zugleich eine regionale kulinarische Spezialität auf den Markt gebracht. Die Vermarktung des im Einklang mit der Natur erzeugten Lammfleisches ist die Lebensgrundlage der Hüteschäfer, denn gerechte Abgabepreise sichern ihre Existenz und damit den Fortbestand dieses Traditionsberufes. Nur Metzger und Gastronomen, die sich den qualitativ hohen Produktions- und Weiterverarbeitungsrichtlinien verpflichten, dürfen Altmühltaler Lamm anbieten.

Gourmets können also sicher sein, mit dem aromatisch-milden, zarten Fleisch eine kulinarische Besonderheit mit regionaler Identität, garantierter Herkunft und gesicherter Qualität zu erhalten.

Die Koordination des Landschaftschutzprojektes im Bayerischen Jura obliegt dem Landschaftspflegeverein VÖF in Kelheim (Adresse hinten im Register).

RITTERSCHÄNKE BURG RANDECK

𝔘nter den Gaststätten der Region, die sich mit dem Logo des Altmühltaler Lamms ausweisen, ist die Ritterschänke der Familie Sturm eine gute Adresse. Die Ritterschänke befindet sich nur einige Schritte von Burg Randeck entfernt. Diese im 11. Jahrhundert errichtete Burg und der kleine, mittelalterlich anmutende Marktfleck Essing unten im Tal teilen sich eine lange gemeinsame Geschichte. Der Legende nach soll Burg Randeck ein gefürchtetes „Raubritternest" gewesen sein, wo es gar schauerlich zuging und Wegezollforderungen üblich waren. Im 12. Jahrhundert kam die Burg in den Besitz des Grafengeschlechts der Abensberger. Graf Ulrich Babo von Abensberg verlieh 1336 die Marktrechte an die Gemeinde Essing und verhalf dem Ort damit zu politischem und wirtschaftlichem Aufstieg. Nach häufigem Besitzerwechsel wurde die Burg 1634, im Dreißigjährigen Krieg, von den Schweden nahezu zerstört und verfiel später zur Ruine. Randeck ist von Essing aus in wenigen Minuten mit dem Auto oder als kleine Wanderung zu Fuss zu erreichen. Von der Gaststube und der Terrasse der Ritterschänke schweift der Blick über das Altmühltal, die bewaldeten Höhen gegenüber und bei föhniger Wetterlage sogar bis nach München und zu den Alpen. Sowohl Max Sturm, der sich als Vorsitzender des Bayerischen Hotel- und Gaststätten-

Ritterschänke Burg Randeck
Gasthaus und Pension

Randeck Nr. 9
93343 Essing

Telefon 0 94 47 / 3 77
Telefax 0 94 47 / 2 90

RANDECK

verbandes e.V. Kreisstelle Kelheim für die gastronomischen Belange der Region einsetzt, als auch sein Vater Michael Sturm sind gelernte Metzger. Sie schlachten zwar nicht mehr selber, bereiten jedoch eigene Wurstspezialitäten zu. Das Fleisch für die Gerichte der Ritterschänke stammt sowohl von jungen, kaum sechs Monate alten Lämmer der Schäfer, die sich dem Landschaftsschutzprojekt „Altmühltaler Lamm" angeschlossen haben, oder von Schlachttieren der umliegenden Bauernhöfe. In der Küche bereiten Max und Waltraud Sturm das Lamm delikat und abwechslungsreich für die jeweilige Tageskarte zu: Das Carpaccio von geräuchertem Altmühltaler Lammrücken kommt zum Beispiel mit einem würzigen Balsamicodressing daher, die Altmühltaler Lammhaxe Ritterschänke präsentiert sich gut bayerisch mit Semmelknödeln und Gemüse an Kräuterrahmsauce und den kleinen Hunger stillen Lammbratwürste mit Sauerkraut. Darüber hinaus gibt es bayerische Schmankerl wie Ochsenmaulsalat mit Holzofenbrot, Spanferkelkopfsülze mit Röstkartoffeln oder ein Schweineschäuferl an Dunkelbiersauce mit Reiberknödel und gemischtem Salat. Von April bis Juni wird die Speisekarte um feine Kreationen von Abensberger Spargel erweitert. Die Schwammerl (Pilze) und das Wild für die vorzüglichen Wildgerichte der Ritterschänke stammen aus dem heimischen Wald.

Mit ihren Übernachtungsmöglichkeiten – die Pension, einem separaten Ferienbungalow mit großem Garten und vier Ferienwohnungen – kann die Ritterschänke auf die individuellen Wünsche ihrer Gäste eingehen. Der Kinderspielplatz neben der Terrasse und das Damwildgehege am Haus sind Anziehungspunkt der Kinder, während die Eltern kulinarisch verwöhnt werden.

Gefüllter Lammrollbraten an Zitronenthymiansauce

Zutaten

1 ausgelöster Bauchlappen vom Altmühltaler Lamm, 2 Lammschultern
Meersalz, Pfeffer, Knoblauchzehen nach Geschmack, abgeriebene Schale von 1/2 Zitrone, frischer Thymian
Teig von ca. 3 Semmelknödeln
500 g Broccoli, 400 g gelbe Rüben
Olivenöl, 1/4 l Rotwein
ca. 1 1/2 l Brühe, 100 g kalte Butter

Zubereitung

Bauchlappen und Schultern salzen und pfeffern. Knoblauch und Salz mit einem Messerrücken zerdrücken, mit Zitronenschale und Thymian vermengen und das Fleisch damit einreiben. Den Bauchlappen mittig mit Knödelteig bestrei-

chen, das Gemüse auflegen. Das Fleisch aufrollen und binden. Öl erhitzen, Rollbraten und Schultern darin goldbraun anbraten. Herausnehmen, den Bratensatz mit Wein ablöschen, mit Brühe oder Wasser aufgießen. Braten auf die Knochen geben, Thymian und Knoblauch zugeben. Zugedeckt ca. 1 1/4 Std. köcheln lassen. Sobald der Braten gar ist, herausnehmen und warm stellen. Bratenfond durch ein feines Sieb gießen, mit Kräutern würzen und mit kalter Butter leicht binden. Den Rollbraten mit Kartoffel-Sahne-Gratin und Ratatouille-Timbale aus Paprika, Zucchini, Auberginen und Tomaten anrichten.

RIEDENBURGER BRAUHAUS – KRIEGER'S BRÄUSTÜBERL

Riedenburger Brauhaus
Michael Krieger KG

Hammerweg 5
93339 Riedenburg

Telefon 0 94 42/6 44
Telefax 0 94 42/31 26

**Gasthof
Krieger's Bräustüberl**

Mühlstraße 37 b
93339 Riedenburg

Telefon 0 94 42/15 00
Telefax 0 94 42/15 06

Ruhetag: Montag

Mit ihren attraktiven Häusern und der Rosenburg mit dem Falkenhof als Wahrzeichen der Stadt, wird Riedenburg „Perle des Altmühltals" genannt. Hier braut seit 1994 das Riedenburger Brauhaus Michael Krieger ökologische Bierspezialitäten. Dipl. Braumeister Michael Krieger verwendet dafür neben Gerste und Weizen auch wertvolle Urgetreide für außergewöhnliche Biere, nämlich Dinkel, Emmer und Einkorn. Sein Anliegen ist es, das Ansehen von Bier als Naturprodukt und besonderes Kulturgut zu stärken. Bier soll wie Wein als Genussmittel geachtet und genossen werden.

Die große Brautradition des Familienunternehmens Krieger reicht bis 1866 zurück und wird jetzt in der 4. Generation von Michael Krieger und seiner Frau Martha fortgeführt. Ihrer Unternehmensphilosophie „Im Einklang mit der Natur" folgend, brauen sie nach dem deutschen Reinheitsgebot Biere auf natürliche, gesunde Art und achten dabei streng auf die Einhaltung ökologischer Richtlinien. Die Rohstoffe – Getreide für hochwertiges Malz und erlesener Aromahopfen – stammen aus kontrolliert ökologischem Landbau von Bioland-Bauern. Das Brauwasser sprudelt aus eigener Quelle und ist frei von Umwelteinflüssen. Selbstverständlich wird die Hefe in eigener Reinzucht gewonnen und ist deshalb garantiert nicht genmanipuliert. Das Sortiment weist nur naturtrübe Biere auf, da auf jede Art von Filtration verzichtet wird. Das feine „Einkorn-Edelbier" schmeckt mild und elegant mit leichtem Vanillearoma, während sich das „5-Korn-UR-BIER" durch einen besonders kernigen, herzhaften Geschmack auszeichnet.

„Riedenburger Alkoholfrei" wird aus über 50 Prozent Dinkelmalz gebraut. Neben „PILS", „HELLES" und „EdelBock" beweist die Vielfalt der Weissbiere „Premium WEISSE", „WEISSE Export", „Michaeli-Dunkel" und „WEISSE Leicht" ausgesprochene Weißbierkompetenz.

Die Biere kann man bei gutem Wetter im brauereieigenem Biergarten kosten sowie in gut sortierten Getränke- und Naturkostläden bis in die umliegenden Großstädte erwerben.

Wer die Spezialitäten des Riedenburger Brauhauses vor Ort genießen und dazu gut speisen möchte, dem sei der Gasthof „Krieger's Bräustüberl" empfohlen. In dem von Einheimischen liebevoll „Schwammerl" genannten Haus begrüßen Daniela und Rainer

RIEDENBURG

Lethmeir ihre Gäste. In der Gaststube und der sehr gemütlichen Kachelstube weisen kleine Schiefertafeln auf die Tagesspezialitäten der Küche hin, etwa Spargelrisotto oder feine Pilzgerichte.

Rainer Lethmeir, der eine regionale, saisonale Küche anbietet, achtet sehr auf Frische. Seine Produkte stammen aus der näheren Umgebung. Die Forellen bezieht er von der Fischzucht Bäuml in Haas bei Dietfurt, das Altmühltaler Lamm vom Schäfer Heid in Riedenburg und das Wild stammt gar aus Familienhand, denn Vater Simon versorgt die Küche mit Schwarzwild und Rehwild aus der eigenen Jagd in der Hallertau. Bei schönem Wetter lädt der kleine, romantische Biergarten an der Schambach zum Verweilen ein. Radfahrer auf dem „Altmühl-Radweg" entlang des Main-Donau-Kanals steigen beim Krieger's Bräustüberl gerne ab, um nach kulinarischer Stärkung und erfrischendem Biergenuss in den komfortablen Hotelzimmern zu übernachten.

Lammrücken unter der Kräuterkruste

Zutaten für 2 Personen

320 g Lammrücken
vom Altmühltaler Lamm
Salz, frisch gemahlener Pfeffer
Öl, Knoblauch, Rosmarin, Thymian
Für die Kräuterkruste:
40 g Schalotten, 2 Knoblauchzehen
4 EL gehackte Petersilie
1 TL gehackter Rosmarin
1 TL gehackter Thymian
40 g geriebenes Weißbrot
40 g frisch geriebener Parmesan
Salz, frisch gemahlener Pfeffer
1–2 Eiweiße

Zubereitung

Den Lammrücken mit Salz und Pfeffer würzen. In Öl mit Knoblauch und Kräutern anbraten. Für die Kräuterkruste die Schalotten und den Knoblauch schälen und fein hacken. Zusammen mit den Kräutern, Weißbrot und Parmesan, Salz und Pfeffer vermischen. Das Eiweiß steif schlagen und unterheben. Den angebratenen Lammrücken im vorgeheizten Ofen bei ca. 160 °C 5 bis 6 Min. braten. Mit der Kräuterkruste belegen und unter dem Grill überbacken. Den fertigen Lammrücken 5 Min. an einem warmen Ort ruhen lassen. In Tranchen aufschneiden, mit Kartoffelgratin und Lammjus servieren.

SPERBER BRÄU

Sperber Bräu

Rosenberger Straße 14
92237 Sulzbach-Rosenberg

Telefon 0 96 61/87 09 -0
Telefax 0 96 61/87 09 -77

Das gotische Rathaus in der Altstadt von Sulzbach gehört zu den schönsten Bauten kommunaler Selbstverwaltung Süddeutschlands. Nur wenige Schritte davon entfernt, unter einem Dach mit dem gleichnamigen Gasthof, finden Bierliebhaber ihre zweite Heimat: die Familienbrauerei Sperber Bräu. Das Handwerk des Bierbrauens scheint den Sperbers seit vier Generationen in die Wiege gelegt zu werden. Urgroßvater Georg Sperber heiratete 1894 Babette Kurz, deren Vater in der „Hinteren Brauhausgesellschaft" seit 1868 Bier braute. Nach Babettes Ableben erbte Georg das Anwesen im Hafnersgraben 9 – samt Gassenbierschänke, Gaststube, Stadel, Pferdestall und Landwirtschaft – das seitdem als Stammhaus der Brauerei gilt.

Die Produktion verlagerte man zunächst 1920 von der Hinteren in die „Vordere Brauhausgesellschaft" und schließlich 1960 in das heutige Anwesen in der Rosenberger Straße, das seit 1936 im Familienbesitz ist. Heute führt Christian Sperber die Brauerei, die sich durch zahlreiche DLG-Prämierungen weit über die Landkreisgrenzen einen Namen gemacht hat. 2004 erhielt der Sperber Bräu beispielsweise den „Preis der Besten" in Silber. Die Tester der Deutschen Landwirtschaftsgesellschaft (DLG) prüfen dabei nach einem festgelegtem Schema

SULZBACH-ROSENBERG

nicht nur Geruch und Geschmack, sondern auch Vollmundigkeit, Schaumhaltbarkeit, Rezenz (Kohlensäure), Haltbarkeit, Geschmacksstabilität und die Qualität der Bittere.

Besonders stolz ist Christian Sperber auf die Tatsache, dass seine Biere noch mit handwerklicher Geschicklichkeit hergestellt werden. Die hohe Qualität seiner Biere beruht auf der klassischen, kalten und offenen Gärung. Dabei wird der Würze beim Anstellen in den offenen Bottich Luft und Hefe beigemischt, worauf sich bald ein leichtes Überweißen der Würzeoberfläche zeigt. In den folgenden Tagen bildet sich durch die Gärung der Hefe und das Aufsteigen der dabei freigesetzten Kohlensäurebläschen zunächst das „Weißkräusen", dann das „Hochkräusen", das „Braunkräusen" und schließlich die „Schlauchreife". Gegen Ende der Hauptgärung wird ersichtlich, warum es untergärige und obergärige Biere gibt: Bei untergärigen Bieren sinkt die Hefe auf den Boden des Gärbottichs ab, bei obergärigen Bieren steigt sie an die Oberfläche auf. Entsprechend unterschiedlich läuft auch die Nachgärung ab.

Das handwerkliche Geschick im Umgang mit Wasser, Malz, Hopfen und Hefe hat es den Braumeistern des Sperber Bräus über Generationen ermöglicht, ein Sortiment zusammenzustellen welches sich gut auf dem Markt behaupten kann. Manche Biersorten sind eingestellt worden, weil sie nicht mehr dem Zeitgeist entsprachen, andere kamen dazu. Heute bietet die Brauerei für jeden Gaumen ein entsprechendes Bier, denn der Geschmack ist so individuell, wie der Biertrinker, der es trinkt. Mit seinem lieblichen Charakter und dem weichen, wohligen Geschmack wird die „Graf Gebhardt Weisse" seit Jahren von der DLG hochkarätig prämiert; allein fünf Gold- und vier Silbermedaillen gehen auf ihr Konto. Das meistgetrunkene Bier des Sortiments, das „Helle Vollbier" bekam 2004 die Silbermedaille und überzeugt mit seinem vollmundigen Geschmack und dezentem Malzaroma. Das „Rosenburg Pils" verwöhnt den Gaumen mit einer betonten Hopfennote, während sich die „Steiger-Schwarze" stark, schwarz und mit kernigem Röstaroma präsentiert. Die „Leichte Weisse" ist eine alkoholärmere Variante des Hefeweißbieres. Das liebliche „Classic-Lager" in der bauchigen 0,33-Liter-Flasche ist nur vorsichtig gehopft. Der „Herzog-Christian-August-Weißbierbock" gibt in der Fastenzeit viel Kraft durch seinen guten Geist. Das „Frühlings-Festbier", das „Annaberg-Festbier" sowie das „Weihnachts-Festbier" sind saisonale Spezialitäten. Das „Zoigl-Bier", ein natürtrübes und naturbelassenes, daher unfiltriertes Bier, nach Pilsener Brauart rundet das umfangreiche Sortiment ab.

BRAUEREIGASTHOF SPERBER BRÄU

**Brauereigasthof-Hotel
Sperber Bräu**

Rosenberger Straße 14
92237 Sulzbach-Rosenberg

Telefon 0 96 61/87 09 -0
Telefax 0 96 61/87 09 -77

Mit der Sanierung des aus dem 18. Jahrhundert stammenden Brauereigasthofes haben Hermine und Christian Sperber ein Meisterwerk vollbracht. Von außen lässt sich nur erahnen, welcher Schatz sich hinter der blaßrosa Fassade mit den weiß eingefassten Fenstern verbirgt. Der auf nahezu originalem Grundriss renovierte Brauereigasthof strahlt eine ganz besondere Atmosphäre aus, in der sich Tradition und Moderne stilvoll und unaufdringlich miteinander ergänzen. Schon mit dem ersten Schritt in den als Windfang dienenden Raum im Eingangsbereich wird man stimmungsmäßig auf das Biererlebnis vorbereitet. Hier ist zur Dekoration ein Läutergrant in die Wand eingefasst, aus dessen Hähne sonst die Würze aus dem Läuterbottich über eine Wanne in der Sudpfanne läuft und Auskunft darüber gibt, ob die Klärung, die „Läuterung", der Würze erfolgreich ist. Den Weg in die Gaststube gibt die schwere Glastüre frei, deren Metallrahmen und Griffe aus geschwungenen Stahlrohr an die in

SULZBACH-ROSENBERG

der Oberpfalz so wichtige Zeit der Stahl- und Eisenerzeugung erinnern. Die Gaststube selbst vermittelt ihre anheimelnde Atmosphäre nicht zuletzt durch die geschickte Lichtführung und die dekorativen Brauereiutensilien. Die Schankanlage, ein umgebauter „Verschneidbock" – der einst zum Mischen von Bier aus verschiedenen Lagerfässern diente –, ist die Quelle aller Sperberbräu-Biere, die hier, zügig gezapft, den Gästen erfrischenden Genuss bereiten. Der Gasthof ist zum beliebten Treff für Einheimische und Gäste geworden, zumal das kulinarische Angebot für bodenständige und raffinierte Gaumenfreuden gleichermaßen sorgt. Die umfangreiche Karte lockt etwa mit einem „Brauereigeheimnis", einem Grillteller nach Art des Hauses und appetitanregenden Salaten; der „Billige Jakob" bedient den schmalen Geldbeutel. Für Interessierte werden spezielle Bierseminare mit Übernachtung angeboten. Sie führen in die hohe Kunst des Bierbrauens ein, verköstigen die Teilnehmer mit Oberpfälzer Küche, zeigen bei einer Verkostung wie man Bier geschmacklich analysiert, und lassen den Abend mit Musik ausklingen. Nach der stilvollen Übernachtung bekommt man einen Steinbierkrug und ein Bierkennerdiplom überreicht. Der Hotelbereich ist eine Augenweide. Der alte Dachstuhl mit seiner enormen Spannweite und das Dachgebälk mit seinen einmaligen Kreuzbindern wurden fachgerecht erhalten, die Stuckdecken detailgetreu instandgesetzt. An der Innenausstattung indes spürt man eine künstlerische Hand. Die Komfort-Zimmer bieten eine Mischung aus gemütlicher Eleganz und moderner Funktionalität. Wer hier logiert, kann dank Internetzugang und Schnittstelle für den eigenen Laptop bzw. über das im Haus kostenlos zu nutzende Wireless Network jederzeit mit der großen weiten Welt in Verbindung stehen. Was mit so viel Geschmack und künstlerischem Anspruch geschaffen wurde, verdient höchste Anerkennung. Zu diesem Ergebnis kam die HypoVereinsbank und verlieh dem Brauereigasthof Sperber Bräu den Denkmalpreis 1999 ihrer Hypo-Kulturstiftung.

Kronenbraten „Sperber-Bräu"

Zutaten für 8 Personen

1 Schweinekotelett im Ganzen
(ohne Schlussbein und
mit langen Rippen,
die halb entfleischt sind;
ca. 2,5 kg)
Senf-Öl-Marinade
2 1/2 Zwiebeln
1 Stange Lauch
2 Karotten
1/2 Sellerie
50 g Butter
2 cl dunkles Bier
Salz, Pfeffer

Zubereitung

Das Schweinekotelett zu einer Krone formen und mit zwei Bindfäden fixieren. Zwei Tage in eine Senf-Öl-Kräuter-Marinade einlegen.
Den eingelegten Braten im Backofen bei 95 °C etwa 3 Stunden braten, dabei immer wieder mit Bratensaft ablöschen. 2 Zwiebeln und das restliche Gemüse grob schneiden und nach 1 1/2 Stunden zum Fleisch geben. Die letzten 30 Minuten den Ofen auf 200 °C schalten und den Braten schön bräunen lassen, dabei einige Male mit Butter bestreichen. Wenn das Fleisch gar ist, den Braten aus dem Ofen nehmen, in Alufolie wickeln und im warmen Ofen (90 °C) ruhen lassen.
Für die Biersauce das Gemüse im Bratensaft pürieren. Die restliche halbe Zwiebel fein hacken, in wenig Butter anrösten und mit Bier ablöschen. Den Bratensaft damit auffüllen und mit Salz und Pfeffer abschmecken.
Das Fleisch auf einer Platte anrichten, mit Rohgemüse ausgarnieren und am Tisch tranchieren. Die Sauce extra in einer Sauciere servieren.
Dazu Spätzle oder Semmelknödel und/oder eine Gemüseplatte reichen.

WEISSES ROSS

Kreative Küche auf höchstem Niveau, gepaart mit einem stilvollen Ambiente, einem Wellnessbereich der Spitzenklasse und familiäre Herzlichkeit erfahren die Gäste im Weißen Roß in Illschwang. Der idyllische Ort, über die Ausfahrt Sulzbach-Rosenberg der Autobahn A6 zu erreichen, erhielt 1992 den „Europäischen Dorferneuerungspreis" als schönstes Dorf Europas.

Bis 1939 wurde in Illschwang Hopfen angebaut. An diese Zeit erinnert heute ein kleines Museum im historischen Hopfenstadel im Ort. Doch Hopfen ist nicht nur die Seele des Bieres; mit seinen beruhigenden Inhaltsstoffen unterstützt er auch Kosmetik- und Wellnessanwendungen. In ihrem behaglichen Landhotel mit der Auszeichnung „WellVital-Hotel" führen Susanne und Hans-Jürgen Nägerl den Hopfen dieser zeitgemäßen Verwendung zu. Ihr Wellnessbereich mit Beautyfarm „Hopfentherme" bietet neben Dampfbad, Laconium, Whirlpool und Erlebnisduschen sowie Ganzkörperbehandlungen nach Thalasso, Massagen und Gesichtsbehandlungen auch kosmetische Bäder im Eichenholzzuber mit Zusatz von Hopfen, Orangenöl, Rosenöl, Sole, Molke oder Algen an. Verwöhnt werden die Gäste mit Kosmetik- und Pflegeprodukten der Firmen Gertraud Gruber und Thal'ion.

Urkundlich als Klosterküche Reichenbachs erwähnt, dient das Haus schon lange als Gaststätte. Seit 1848 befindet es sich im Besitz der Familie Nägerl. In dem teilweise denkmalgeschützten Anwesen wurde schon immer gekocht und der Gast umsorgt. Es ist ein Wirtshaus im wahrsten Sinne des Wortes, ein Haus zum Einkehren und Verbleiben, eine Oase der Entspannung. Wenig Personalwechsel sorgt für familiäres Ambiente. Einheimische treffen sich im Weißen Roß zum Stammtisch oder zum Kartenspielen, und so mancher Abend endet damit, dass der Geschäftsreisende seinen Krawattenknoten lockert und sich mit einem gepflegten Bier oder einem guten Tropfen Wein zum Karteln mit dazusetzt.

„Kochen mit Herz und Verstand" lautet das Motto von Hans-Jürgen Nägerl und seinem Team in der Küche. Nur die besten Produkte der Region werden verarbeitet, das Fleisch liefert die hauseigene Metzgerei, welche die Schweine, Rinder und Milchkälber von den umliegenden Bauernhöfen bezieht. Das Wildbret stammt von Jagdrevieren der nahen Umgebung und die Kräuter aus dem Kräutergarten.

Viele gastronomische Qualitätssiegel zollen der Küche von Hans-Jürgen Nägerl höchste

Weißes Roß

Am Kirchberg 1
92278 Illschwang

Telefon 0 96 66/13 34 und 13 35
Telefax 0 96 66/2 84

Ruhetag im Restaurant: Montag

ILLSCHWANG

Anerkennung. Gault Millau sichert ihr als Einzige im Landkreis Amberg-Sulzbach die Rote Kochmütze zu, der Vartaführer spricht ihr eine Lilie zu, im Schlemmeratlas ziert sie eineinhalb Löffel und auch der Michelin-BIP-Gourmand führt sie auf. Die jüngste Auszeichnung: Landkreissieger 2004 Amberg-Sulzbach im Wettberwerb „Bayerische Küche" des Bayerischen Staatsministeriums für Landwirtschaft und Forsten.

In den 32 wohnlich eingerichteten und komfortabel ausgestatteten Zimmern des Landhotels findet man Zeit zum Träumen. Das Weiße Roß hat sich auch in der Geschäftswelt einen Namen gemacht und öffnet unter der Woche seine Türen für Tagungs- und Seminarteilnehmer, die hier dank modernster Konferenz- und Kommunikationstechnik konzentriert arbeiten können.

Bachsaibling mit Flusskrebsen auf Brennnessel-Spinat

Zutaten

4 Filets vom Bachsaibling à 100 g
Zitronensaft, Salz, Pfeffer, Butter
800 g lebende Krebse (od. 400 g Krebsfleisch), 20 g Salz, 20 g Kümmel, Dill
Für die Krebssauce:
2 Schalotten, gewürfelt, 1 Karotte,
100 g Sellerie, 2 EL Olivenöl,
50 g Dosentomaten, je 2 Zweige
Thymian und Rosmarin, 1 Lorbeerblatt,
1 Zweig Estragon, 0,1 l Weißwein,
0,3 l Geflügelbrühe, Salz, Pfeffer,
1 kleine rohe Kartoffel
50 g Crème fraîche, 50 g Butter
Für den Brennnessel-Spinat:
50 g Schalottenwürfel, Butter
je 200 g frische Brennnesselnspitzen und Spinat, blanchiert und gehackt
Salz, Pfeffer, Muskatnuss

Zubereitung

Bachsaibling würzen. In Butter anbraten (erst auf der Hautseite). Auf einem Gitter 6 Min. im Rohr bei 120 °C fertig backen. Flusskrebse in kochendem Salzwasser mit Kümmel und Dill 2 Min. kochen und 3 Min. ziehen lassen; in Eiswasser abschrecken. Schwänze ausbrechen, Darmfäden entfernen. Kurz vor dem Anrichten die Krebse in Butter anschwenken, bei 90 °C ca. 3 Min. warm stellen. Für die Sauce Krebsschalen und Gemüse in Öl anrösten, Tomaten und Kräuter zugeben, mit Wein und Brühe auffüllen; etwa 30 Min. köcheln lassen. Salzen, pfeffern, passieren und abseihen. Kartoffel zum Abbinden einreiben. Sauce auf die Hälfte einreduzieren lassen. Mit Crème fraîche und Butter im Mixer aufmontieren. Für den Spinat Schalotten in Butter anschwitzen, Brennnesseln und Spinat zugeben. Mit Krebssauce auffüllen. Aufkochen, würzen und anrichten.

AN LABER, NAAB UND DONAU –

Die Naab

Tief eingeschnittene und malerisch geschwungene Flusstäler gliedern die sanft gewellte Hochebene des Bayerischen Jura. Altmühl, Lauterach, Vils, Naab sowie die Schwarze und die Weiße Laber entwässern das Gebiet und geben ihr klares Wasser letztendlich in die Donau ab.

Im Altertum und im Mittelalter waren Flüsse die bedeutesten Verkehrswege, an denen sich Zentren des Handels bildeten. Die keltische Siedlung „Oppidum Alkimoennis" aus dem 1. Jh. v. Chr. oberhalb Kelheims oder auch Regensburg zeugen davon. Die Wasserkraft war eine bedeutende Energiequelle vor Erfindung der Dampfmaschine. Wer heute auf dem Schwarze-Laber-Radwanderweg durch das idyllische Flusstal radelt, passiert Getreide- und Farbmühlen sowie Hammerwerke, denn das beschauliche Tal war früher ein Zentrum der Oberpfälzer Eisenindustrie. Wer dem „Wasser-und-Mühlenweg" im Tal der Weißen Laber folgt, stößt auf unzählige Quellen und zwanzig Mühlen. In den Talgründen tragen Projekte aus dem Arten- und Biotopschutzprogramm dazu bei, wertvolle Flächen zu erhalten, zu pflegen und zu schützen.

FLÜSSE KENNEN KEINE GRENZEN

Anglern gehen ihrem beschaulichen Hobby an den weitestgehend naturbelassenen Flüssen nach. Während in den quirligen Bächen die Bachforelle und der Bachsaibling dominieren, sind Zander, Karpfen und der urige Waller an Naab, Altmühl und Donau der Preis für Ausdauer und Können.
Flusswanderungen mit dem Kanu oder dem Kajak erfreuen sich auf der Naab großer Beliebtheit. Gemütliche Gasthäuser direkt am Wasser gelegen laden zur Rast ein.
Wo sich das Wasser Wege durch das Kalkgestein zwischen Kelheim und Essing gebahnt hat, können Höhlenbegeisterte auf einem 15 langen Kilometern Rundweg auf Entdeckungsreise gehen.
Wer es eher beschaulicher mag, der kann auf einem der auf der Donau und der Altmühl verkehrenden Passagierschiffe an den Sehenswürdigkeiten entlang fahren. Etwa von Kelheim nach Weltenburg oder von Regensburg zur Walhalla, dem von König Ludwig I. 1842 eröffneten „Musentempel" aller großen Persönlichkeiten des deutschsprachigen Raumes. Komfortable Hotelschiffe fahren zudem über den Rhein-Main-Donau-Kanal bis Passau und weiter bis nach Wien.

Kallmünz

Burglengenfeld

SCHLOSSBRAUEREI EICHHOFEN

Schlossbrauerei Eichhofen

Von-Rosenbusch-Straße 8
93152 Eichhofen

Telefon 0 94 04 / 9 54 50
Telefax 0 94 04 / 51 20

Im Tal der Schwarzen Laber, nur 17 km von Regensburg entfernt, liegt der anmutige Gutshof Eichhofen mit der Schlossbrauerei, dem Brauereigasthof und der Kunstmühle. Das Landschloss ist ein so genanntes Hammerschloss, erbaut im 16. Jahrhundert als repräsentatives Wohnhaus. Damals wurde Eisen mit einem Hammer bearbeitet und der Besitz eines Hammerwerkes zeugte von Fortschritt und Wohlstand.
Sebastian Rammelstein ließ in Eichhofen den „Hammer zum Loch" errichten und gründete 1550 das erste Brauhaus. Im Dreißigjährigen Krieg verwüsteten die Schweden das gesamte Areal. 1692 erstellte Franz von Rosenbusch ein neues Brauhaus und hängte sein Wappen an das Sudhaus. Durch den Bau einer Mühle und einer Mälzerei sowie der Bewirtschaftung der umliegenden Felder blühte der Ort auf. Um Anschluss an die moderne Eisenindustrie zu gewinnen, wurde 1812 ein Hochofen errichtet; jedoch geriet die Eisenindustrie im 19. Jahrhundert in eine schwere Krise. 1841 übernahm der Regensburger Großhändler Wilhelm von Neuffer das Anwesen. Er erneuerte die Brauerei und errichtete eine neue Tafernwirtschaft, die Schlossschenke. Heute ist die Brauerei Eichhofen ein moderner Betrieb unter Federführung von Michel-Andreas Schönharting in der dritten Generation. In Eichhofen finden sich beste Voraussetzungen, um gutes Bier zu brauen. Das kristallklare Felsquellwasser kommt aus dem eigenen Eichenbrunnen.

EICHHOFEN

Die Gerste und der Hopfen stammen aus integriertem kontrollierten Anbau aus der Region. Für den laufenden Betrieb nutzt die Brauerei den Strom aus drei eigenen Turbinenwerken an der Laber. Der Vertrieb der Biere erfolgt im Umkreis von 40 km mit dem eigenen Fuhrpark, sehr zum Wohle der Biere, die damit keine langen Wege zurücklegen. Biergenießer können zwischen vier Fassbiersorten wählen: Die Hausspezialität ist das „Eichhofener Spezial Dunkel", ein naturtrübes Kellerbier, kräftig eingebraut mit vollmundigem malzblumigen Nachtrunk. Das „Eichhofener Helles" ist ein untergäriges Lagerbier, vollmundig und mild. Das „Eichhofener Premium Pils" verspricht ein spritziges, feinherbes Trinkerlebnis und das „Eichhofener Hefeweizen Hell" überzeugt mit spritzigem Nachtrunk. In der Starkbiersaison von Oktober bis April gibt es den „Eichhofener Doppelbock Eichator" in Flaschen. Mit seiner fast weinigen, leicht karamellartigen Geschmacksnote ist er der König unter den Eichhofener Bierspezialitäten. „Eichhofener Festbier", „Eichhofener Leichtes Helles" und „Eichhofener Hefeweizen Leicht" runden das Sortiment ab.

Wie die Brauerei heute eingerichtet ist und die Biere schmecken, können angemeldete Besucher unter fachlicher Führung des Brauereibesitzers erfahren. Außerdem bietet die Schlossbrauerei Eichhofen mit der „Nacht des Bieres" eine einzigartige historische Brauereiführung in Zusammenarbeit mit der STADTMAUS aus Regensburg an:

Stellen Sie sich vor, Sie kommen eines Abends nach Eichhofen und werden von einem schwungvollen, redegewandten, hochherrschaftlichen Kammerdiener begrüßt, der verschmitzt lächelnd sagt: „Gestatten, Johann Gottlieb Grünkern ist mein werter Name. In diesem unserem Jahr 1691 bin ich bereits seit 10 Jahren im Dienst der Familie Rosenbusch und ihr – ihr seid wohl die neuen Bediensteten? Was schaut ihr so betreten? Ihr seid doch wohl aus ärmeren Gegenden der Oberpfalz und habt gehört, dass es hier bei unserem Freiherren Franz von Rosenbusch einen ordentlichen Lohn zu verdienen gibt. Ganze fünf Maß Austrunk jeden Tag für einen jeden, das bietet er euch!". – Johann Gottlieb Grünkern, eine erfundene, aber sehr charmante Persönlichkeit, entführt die Zuhörer gedanklich in die Vergangenheit und erzählt dabei im Wechsel mit dem sachkundigen Braumeister Meister Hammerl Anekdoten über die Menschen und das Bier in Eichhofen.

Realität und Vergangenheit verschmelzen zu einer kurzweiligen spannenden Führung, in deren Verlauf verschiedene Biere probiert werden. Bei dem anschließendem Drei-Gänge-Biermenü im Brauereigasthof Eichhofen wird auch das Zwickelbier angeboten. Dies ist ein kellertrübes, ungefiltertes Bier, das der Brauer aus dem „Zwickel", einem Hahn am Gärtank, entnimmt, um dessen Reifegrad zu prüfen.

BRAUEREIGASTHOF EICHHOFEN

Brauereigasthof Eichhofen

Von-Rosenbusch-Straße 3
93152 Eichhofen

Telefon 0 94 04 / 16 62
Telefax 0 94 04 / 96 98 35

Nach guter bayerischer Tradition gehört zu einer Brauerei auch ein Brauereigasthof, in dem das eigene Bier keine 50 Meter vom Sudkessel entfernt ausgeschenkt wird. Dieser klassische Fall ist im Gutsbetrieb Eichhofen anzutreffen, wo die Brauereimauer nahtlos in die Mauer des Gasthofes übergeht. Im Brauereigasthof Eichhofen kann man die Eichhofener Biere zapffrisch genießen (im Sommer Mo.-So. 10:30 bis 23 Uhr, im Winter Mi. 16 bis 23 Uhr, Do.-So. 10:30 bis 23 Uhr). Der Gasthof ist Treffpunkt für Einheimische und Gäste gleichermaßen. Hier treffen sich die Dorfbewohner zum Stammtisch, halten Vereine Versammlungen ab und werden Hochzeiten gefeiert. Seine schöne Lage direkt an der Schwarzen Laber hat den Gasthof zudem für Radfahrer, Wanderer und Familien zum beliebten Ausflugsziel werden lassen.

Sonntags zwischen 12:30 und 14:30 Uhr betreut eine Erzieherin die Jüngsten in einem Kinderclub. Dieses Angebot wird von Eltern dankend angenommen, beschert es ihnen doch ein paar erholsame Stunden. An warmen Tagen präsentiert sich der Biergarten als lauschiges Plätzchen zum Entspannen.

Die Tradition der guten Bewirtung wird von Daniela Schönharting und ihrem Team mit viel Liebe und Hingabe gepflegt. Auf der Speisekarte steht Bier; zum Trinken und zum Essen. Als Cocktails empfiehlt sich der „Schlosstrunk" aus Campari mit Märzenbier oder die „Schwarze Laber" aus Eichhofener Dunklem, Eichhofener Hellem, Ingwersirup und Weinbrand. Die Speisekarte listet auf: Biersuppe vom Eichhofener Hellen mit Speck und Sauerkraut, Biergulasch von der Schwei-

EICHHOFEN

neschulter mit Dunkel Spezial, Maultaschen mit Brät-Spinatfüllung und Bockbierzwiebelsauce sowie als Brauerstärkung Lebermus mit Bier und Zwiebeln, fein würzig im Haferl mit Bierstangerl.

Wer es genau wissen möchte, der kann einen Beschwipsten Kochkurs absolvieren, in dem Küchenmeister Johannes Gonda kulinarische Variationen mit Alkohol ohne Nebenwirkungen verrät.

Eichhofen hat sich zu einem Treffpunkt für Kunstliebhaber entwickelt. Bier ist für Michel-Andreas und Daniela Schönharting „Kultur für Leib und Seele". Dazu gehört die Kunst des Bierbrauens, die Kunst des Genießens und die Tradition des Feierns. Mit viel Gespür und Sachverstand haben sie in wenigen Jahren ein kleines privates Kulturzentrum etabliert. Das ganze Jahr über finden in Eichhofen Ausstellungen, Konzerte und Künstlermärkte statt. Der im ersten Stock gelegene Saal des Gasthofs eröffnet auch die Möglichkeit, bis zu 150 Gäste zu bewirten. Ende Juli/Anfang August steigt im Zwei-Jahres-Rhythmus ein dreitägiges Brauereifest, bei dem auf drei Bühnen Musik aufspielt und man bei Bier und kulinarischen Schmankerln das Leben genießen kann. Und wer danach sein Haupt auf weiche Kissen betten möchte, kann das „Hopfenzimmer", das „Malzzimmer" oder das „Braumeisterzimmer" belegen.

Saibling im Pilsbackteig mit Tomatensauce und Reistimbale

Zutaten

2 Saiblinge
Zitronensaft
Salz, Pfeffer
Butter zum Braten
Reis
Für den Pilsbackteig:
250 g Mehl, 200 ml Pils
5 g Salz, 2 Eigelb, 2 Eiweiß
Für die Tomatensauce:
100 g Röstgemüse (Karotten, Lauch, Sellerie), geschält und gewürfelt
40 g Butter, 1 Knoblauchzehe
100 g Tomatenmark, 1 EL Mehl
400 g Tomaten, entkernt, gewürfelt
400 ml Fischfond
Salz, Pfeffer
Wacholderbeeren, Lorbeerblätter
Nelken, Zucker, Basilikum

Zubereitung

Für die Sauce Röstgemüse in Butter andünsten, Knoblauch und Tomatenmark beigeben und gut mitdünsten. Mit Mehl stäuben und kurz mitdünsten. Tomaten beigeben und mit Fond auffüllen. Gewürze zufügen und 1 Std. leicht kochen lassen. Abschmecken, fein passieren.

Für den Timbale Reis kochen, in ausgebutterte Kaffeetassen füllen, festdrücken und auf Teller stürzen. Saiblinge filetieren. Filets mit Zitronensaft, Salz und Pfeffer würzen. Für den Teig Mehl sieben, Bier, Salz und Eigelb zugeben und alles nur kurz glatt rühren, damit er nicht zäh wird. Eiweiß steif schlagen und kurz vor der Verwendung unterheben. Filets in Mehl wenden, restliches Mehl abklopfen, und im Backteig wenden. Butter erhitzen und die Saiblingsfilets bei geringer Hitze braten.

HOTEL GASTHOF KRIEGER

Hotel Gasthof Krieger

Naabstraße 20
93186 Pettendorf-Mariaort

Telefon 09 41/8 42 78
Telefax 09 41/89 21 24

Ruhetag: Mittwoch

Der „Krieger in Mariaort", wie er gerne genannt wird, ist ein familiär geführtes Haus in dem kleinen Mariaort, das sich nur wenige Kilometer von Regensburg nahe der Stelle befindet, an der die Naab in die Donau fließt. Mariaort ist durch die Wallfahrtskirche bekannt, die sich am Südufer der Naab auf einer schmalen Landzunge gegenüber der Ortschaft befindet.

Vom Gasthof aus erreicht man die Kirche über eine schlanke Holzbrücke bequem in fünf Minuten zu Fuß oder mit dem Fahrrad. Wer mit dem Auto die Kirche aufsucht, fährt bei Sinzing von der A3 ab und folgt der Beschilderung.

Die Geschichte des Ortes, des Wirtshauses und des Flusses sind eng miteinander verknüpft. Bis 1826 verkehrten auf der mittelalterlichen Wasserstraße zwischen Amberg und Regensburg Schiffe, die „talwärts" mit Eisen und „bergwärts" mit Salz beladen waren. Flussaufwärts mussten die Kräne vom Ufer aus mit Pferden gezogen, „getreidelt" werden. Das Anwesen des Gasthofs war ein Treidelhof, wo es Pferde zum Wechseln gab und sich die Treidelleute verköstigen und mit Proviant versorgen konnten. Später diente das Anwesen als Fischer- und Schiffergütl mit Überfahrtsrecht und Fischwasser.

Bis zum Beginn des 19. Jahrhunderts lebten die Bewohner Mariaorts vorwiegend vom Weinbau und Fischfang.

Das Wirtshaus war stets in das dörfliche Leben eingebunden. Schon in der Vergangenheit traf sich hier die Feuerwehr zum Stammtisch und die Wassersportler kehrten ein. Später kamen die Erholung suchenden Städter aus Regensburg dazu.

Über vier Generationen der Familie Krieger haben das Gasthaus in den letzten 100 Jahre geprägt. Nach Umbauten und Renovierungen präsentiert sich heute „der Krieger" unter der Leitung von Matthias Krieger IV. als zeitgemäßer Gasthof. Fernab der Hektik der Großstadt bietet er Ruhe und Entspannung. Im Sommer lockt der Biergarten mit den Bieren der Brauerei Bischofshof und Kloster Weltenburg Wanderer, Wassersportler und Radfahrer an.

Der hinter Regensburg beginnende Naabtal-Radweg kommt ebenso am Haus vorbei wie der Fünf-Flüsse-Radweg und der Donauradweg von Ulm nach Wien. Für das leibliche Wohl der Gäste sorgt Küchenchef Klaus Freudenberg seit 1989 mit seinem Team. Die reichhaltige Speisekarte bietet deftige

MARIAORT

Brotzeiten, heimische Schmankerln, Fisch- und Wildgerichte. Eine Spezialität ist der Wildschweinbraten, der nach altem Hausrezept zubereitet wird.

Für Feierlichkeiten stehen schöne Räumlichkeiten zur Verfügung: der geräumige „Hochzeitssaal", die gemütliche „Matheisstube" und das Säulengewölbe „G'wölb".

Je nach Anlass werden die Räume ansprechend dekoriert, damit sich die Gäste rundum wohl fühlen. Wer zu später Stunde nicht mehr heimfahren möchte, kann im hauseigenen Hotel übernachten, das über schöne, geräumige Zimmer mit Balkon verfügt und ein reichhaltiges Frühstücksbüfett anbietet.

Oberpfälzer Wildschweinbraten

Zutaten

800 g Wildschweinkeule
200 ml Weißwein
200 ml Weißweinessig
Thymian, Rosmarin
Basilikum, Majoran
2 Lorberblätter
5 Wacholderbeeren
2 Knoblauchzehen
6 Pfefferkörner
60 g Butter
50 ml Olivenöl
200 g Mirepoix (Röstgemüse)
Salz, Pfeffer
140 ml trockener Weißwein
600 ml Bouillon
1 Zitrone, 2 Orangen
2 EL Preiselbeeren
220 g Pfifferlinge
40 g Butter
250 ml Sahne
50 Mehl
Preiselbeeren, Petersilie

Zubereitung

Aus Wein, Essig und Gewürzen eine Marinade bereiten und das Fleisch 48 Stunden beizen. Butter in Öl zerlassen und Mirepoix darin anrösten. Fleisch salzen, pfeffern und auflegen. Wein und Brühe angießen. Thymian, Rosmarin, Basilikum, Lorberblätter, Wacholderbeeren, Knoblauch, Zitronen- und Orangenschale und Preiselbeeren zugeben. Das Fleisch bei 180 °C 2 bis 3 Stunden garen. Pilze in Butter anschwenken. Das Fleisch herausnehmen. Den Sud abseihen, mit Sahne versetzen, die Pilze beigeben. Saucenansatz abbinden. Fleisch in Scheiben schneiden und mit Sauce, Sahne, Preiselbeeren und Petersilie anrichten. Dazu Semmelknödel und Saisonsalate reichen.

DAS MALZ –

Der Hauptvorgang bei der Bierherstellung ist die alkoholische Gärung. Da aber die Hefe nur Einfachzucker zu Alkohol vergären kann, müssen die im Getreide in Form von Stärke enthaltenen Kohlenhydrate zuerst in Malzzucker umgewandelt werden. Dies geschieht beim Mälzen. Das wichtigste Getreide zur Malzgewinnung ist die zweizeilige Sommergerste, eine Sonderkultur, die allein für die Malzbereitung angebaut wird. Braugerste ist reich an Stärke und arm an Eiweiß und damit ideal für die Bierherstellung. Für bestimmte obergärige Biere verwendet man auch Weizen, Dinkel, Einkorn, Emmer und Roggen. Das Malz beeinflusst Stärke, Geschmack, Geruch, Farbe und Schaum des Bieres. Früher produzierten die Brauereien ihr eigenes Malz, doch schon längst übernehmen Mälzereien die verantwortungsvolle Aufgabe, sorten- und markenspezifisches Malz herzustellen. Echte traditionelle Handwerksbetriebe wie die seit 1874 bestehende Mälzerei Herrmann in Stadtamhof in Regensburg sind immer seltener zu finden. Der Mälzungsprozess in dieser Tennenmälzerei dauert länger als in industrialisierten Betrieben (deren Angaben nachfolgend in Klammern stehen). Bei Anlieferung in der Mälzerei wird die Braugerste geputzt, von Grannen und Staub befreit, sortiert und gewogen; sie enthält in diesem Stadium 12 bis 14 Prozent Wasser. Bei der so genannten „Weiche" wird die Braugerste in 12 bis 15 °C temperiertem Wasser eingeweicht und dabei mehrmals regelrecht geflutet und belüftet und durch Ablassen des Wassers nochmals gereinigt. Der Prozess dauert etwa 46 Stunden, bis das Korn ca. 43 Prozent Wasser enthält. Durch die Wasseraufnahme fängt das Korn

STÄRKE, AUSSEHEN UND GESCHMACK DES BIERES

an zu keimen. Nach Überführung des eingeweichten Getreides auf den flachen Tennenboden des Keimraumes (bzw. in belüftbare Keimkästen) läuft in 7 (6) Tagen die Keimung ab. Das Getreide entwickelt dabei einen feinen gurkenartigen Geruch, der am fünften (vierten) Tag am stärksten ist. Ziel des Mälzungsvorganges ist, Enzyme und Fermente in den Randschichten des Korns zu aktivieren, welche beim Brauvorgang die gelöste Stärke im Innenkorn zu Malzzucker abbauen können. Während dieser Zeit muss der Mälzer das Korn „führen" d.h. in Abständen wenden sowie Luft bestimmter Temperatur und Feuchtigkeit durch die Gerste drücken, um ein Austrocknen der Körner zu verhindern. Durch ständiges Wenden wird die bei der Atmung entstandene Kohlensäure abgeführt, um zu verhindern, dass das Keimgut erstickt oder verfault. Je nach gewünschter Malzsorte wird die Temperatur und die Feuchtigkeit des Malzes gesteuert. Das entstandene „Grünmalz" muss dann getrocknet werden, damit die Stärke des Gerstenkorns nicht zum Aufbau von Blatt- und Wurzelkeimen verschwendet wird, sondern in nun gelöster Form als „Extrakt" der Würzebereitung dient. Das „Darren" oder Trocknen in dem Trocknungsraum (auf der Malzdarre) stoppt den Keimprozess. Hier entscheidet sich, welche Farbe das Malz letztendlich erhält und für welche Biertypen es zum Einsatz kommen soll. Je nach gewählter Temperatur verändert sich die Farbe des Malzes und damit auch des späteren Bieres. Niedrige Temperaturen von etwa 85 °C ergeben helle Malze, etwa für Helles oder Pils. Hohe Abdarrtemperaturen von 90 bis 110 °C liefern dunkles Malz für dunkle Biere. Schließlich müssen noch die als Viehfutter zu verwendenden Malzkeime abgetrennt werden. Nach der Zwischenlagerung in Silos gelangt das Malz lose oder in Säcken in die Brauerei.

KNEITINGER

Brauerei-Gaststätte
Kneitinger

Am Arnulfsplatz 3
93047 Regensburg

Telefon 09 41/5 24 55
Telefax 09 41/5 99 99 82

Im Kneitinger am Arnulfsplatz in Regensburg lebt ein Stück echte bayerische Wirtshaus-Kultur. Hier spielt das Leben. Für manch einen Regensburger ist die Gaststätte gar zur zweiten Heimat geworden. Seit Generationen genießt man in der urgemütlichen Gaststube die hauseigenen Bierspezialitäten und fühlt sich dabei rundum wohl. Seit 1995 führen Maria und Werner Schlögl das Wirtshaus. Er begrüßt und umsorgt die Gäste, und sie führt Regie in der Küche, die im Wettbewerb Bayerische Küche 2004 ausgezeichnet worden ist.
Deftige Brotzeiten, Schmankerl aus der Wurstküche, Brotzeiten und herzhafte, bodenständige Gerichte mit regionalen Produkten stehen auf der Speisekarte. Die Stammgäste sitzen im „Stamm", in dem unmittelbar an die Küche angrenzenden Bereich, wo die Bedienung zwangsläufig immer vorbei kommt. Frisch gezaptes Bier, Brezen, Weißwürste, alles wird flink geliefert. Eilig geht die Bedienung weiter, denn draußen warten auch noch viele Gäste. Draußen, das ist der Lichthof, der auch als Gang zwischen der Gaststube sowie dem „Bräustüberl" und dem „Schaffnerstüberl" angesehen werden kann. Hier stehen Biertischgarnituren und Stehtische, hier kann man schnell ein Bier trinken und wieder gehen. Oder verweilen, bleiben, genießen. Und Fussball schauen. Ein großformatiger Fernseher hängt von der Decke herab. Und wenn es um ein Spiel des SSV Jahn Regensburg oder gar um ein Champions-League-Spiel geht, dann ist kein Steh- und kein Sitzplatz mehr zu bekommen.
Die Spezialitäten der Brauerei sind „Kneitinger Bock", „Kneitinger Edelpils" und „Kneitinger Export Dunkel". Seit 1530 wird am Kneitinger Stammsitz in der Kreuzgasse, um die Ecke, Bier gebraut. 1862 kam die Brauerei in den Besitz der Familie Kneitinger. Johann Kneitinger I. erlernte unter Braumeister Dietl das Handwerk und entwickelte die Rezeptur für ein Starkbier. Einer seiner Söhne, Johann Kneitinger II., verbesserte dann das Rezept zum bekannten „Kneitinger Bock". Die ersten Sude wurde noch

REGENSBURG

Ochsenbrust mit
Karotten-Kohlrabi-Gemüse,
frisch geriebenem Meerrettich
und Salzkartoffeln

Zutaten

1 kg Ochsenbrust, Salz
2 Lorbeerblätter
8 Wacholderbeeren
Suppengemüse
(2 Karotten, 1/2 Sellerieknolle,
1/2 Stange Lauch, 1 Zwiebel)
Pfeffer
Für das Gemüse:
4 Karotten
2 mittelgroße Kohlrabi
1 EL Zucker
50 g Butter
Salz, Pfeffer

über die Straße oder an Gasthäuser verkauft. 1892 bekam er die Bewilligung zur Betreibung einer Schankwirtschaft im Anwesen auf dem Arnulfsplatz. Dies war die Geburtsstunde des heutigen Wirtshauses, das auch als „Mutterhaus" der Brauerei bezeichnet oder von Einheimischen liebevoll „Knei" genannt wird. Johann Kneitinger III. entwarf 1932 das neue Firmenlogo, um den „Kneitinger Bock" besser zu vermarkten. Seither stützt sich ein Ziegenbock mit den Vorderläufen am Maischbottich ab und säuft vor den Augen des Bierbrauers daraus. Das süffige Bockbier wird bereits im Juli für die Bockbierzeit im Herbst gebraut.
Jeden 1. Donnerstag im Oktober erfolgt der Fassanstich, ganz Regensburg wohnt dem Festumzug bei und wer einen Platz im Gastraum ergattert, der bekommt ein Essen frei. Die Brauerei befindet sich nun im Besitz der Hans-und-Sofie-Kneitinger-Stiftung. Der Erlös kommt Jugend- und Altenarbeit zugute.

Zubereitung

2 Liter Wasser mit etwas Salz aufkochen. Die Ochsenbrust, die Lorbeerblätter und die Wacholderbeeren hineingeben. Die Hitzezufuhr etwas reduzieren und das Fleisch ca. 1 1/2 Std. sieden lassen. Das Suppengemüse zum Fleisch geben, pfeffern und alles zusammen noch weitere 30 Min. kochen lassen.
Für das Gemüse Karotten und Kohlrabi in gleich große Stifte schneiden, bissfest kochen und danach mit kaltem Wasser abschrecken. Zucker und Butter in einer Pfanne zerlaufen lassen. Das Gemüse darin schwenken und mit Salz und Pfeffer abschmecken.
Die Ochsenbrust quer zur Faser in Scheiben schneiden und mit dem Gemüse anrichten. Dazu Salzkartoffeln und frisch geriebenen Meerrettich reichen.

STADTMAUS

STADTMAUS GmbH

Thundorferstraße 1
93047 Regensburg

Telefon 09 41/5 99 92 55
Telefax 09 41/5 99 95 05

Wenn abends die Schatten länger werden und historische Gestalten durch Regensburg huschen, an bestimmten Ecken innehalten und auf Stimmen horchen, um anschließend dem Volk entgegenzutreten und mal in wohltönender Prosa zu rezitieren, mal mit vielen Gesten zu jammern und zu klagen, dann weiß manch Einheimischer hinter vorgehaltener Hand zu flüstern: Die STADTMAUS ist wieder unterwegs! – Doch woher kommt sie? Verfolgt man eine ihrer Spuren, so gelangt man zur Wurstkuchl, der alten Garküche, die wohl schon im 12. Jahrhundert während der elfjährigen Errichtung der Steinernen Brücke bestand. Nur ein paar Schritte weiter, in der Thundorferstraße, der ehemaligen Straße der Handtaschenschwingerinnen, ist die STADTMAUS zu Hause. – Sie ahnen es schon? Die STADTMAUS ist keinesfalls ein kleines, quirliges Nagetier, sondern eine Veranstaltungsagentur, die seit 1998 das kulturelle Leben in Regensburg auf amüsante, ungewöhnliche Art bereichert. Aus der Idee, Kultur und Geschichte anspruchsvoll und lebendig zu vermitteln, wurde das Konzept entwickelt, Erlebnisführungen mit Schauspieleinlagen anzubieten. Der mittelalterliche Stadtkern von Regensburg liefert dazu die einzigartige Freilichtkulisse. In Regensburg – wo einst der Im-

REGENSBURG

merwährende Reichstag tagte, sich Gesandte aus aller Welt trafen und das Volk in den „guten alten Zeiten" trotz Armut zu leben wusste – gibt es unendlich viel zu erzählen. Geschichten über „Kreuzfahrer, Ketzer, Kirchenfürsten" oder „Fürsten, Forscher und Mätressen". Geschichten „von Quacksalbern & Wunderheilern", „von Verbrechern & Vogelfreien", „von Raunacht & Weihnacht", „von Senkblei zum Presslufthammer" und „von Gerstensaft & Gastlichkeit".
„Von Gerstensaft & Gastlichkeit" sei allen Bierliebhabern ans Herz gelegt. Im Mittelpunkt der Führung stehen die Regensburger Wirtshäuser und die Menschen, die über Jahrhunderte in ihnen aus und ein gingen. In Wirtshäusern konnte man vor Wind und Regen Schutz finden, etwas Warmes essen, Bier trinken und mit Gleichgesinnten reden. Das Wirtshausleben hat in Regensburg Tradition, noch heute ist sie die Stadt in Deutschland mit der größten Kneipendichte bezogen auf die Bevölkerungszahl.
Einst war es nur den Mönchen in den Klöstern erlaubt, Bier zu brauen. Erst Kaiser Friedrich II. genehmigte dem Volk in Regensburg den vergorenen Gerstensaft selbst für den „persönlichen Bedarf" zu brauen, wobei dieser ganz beachtlich war. Das Brauen inmitten der Stadt mit ihren vielen Holzhäusern war aber keineswegs ungefährlich. Zum Einheizen der Sudkessel ist schließlich Hitze vonnöten und so ein Feuer konnte leicht außer Kontrolle geraten. Kein Wunder, dass der Hl. Florian gleichzeitig der Schutzpatron der Bierbrauer und der Feuerwehr ist. Und was hat es mit dem harten Leben der vielen Frauen auf sich, die sich als Bedienung in den Wirtshäusern ihr wahrlich karges Brot mehr schlecht als recht verdienten? Sie mussten dafür aufkommen, wenn ein Krug zu Bruch ging, wenn jemand seine Zeche nicht bezahlte. Kein Wunder, dass sie jedem Hallodri auf der Spur waren, der unbemerkt das Lokal verlassen wollte. Während der Führung kommt unvermittelt so ein Pärchen um die Ecke geschossen. Der „Mozartl" mit seiner Harfe unterm Arm und das fesche Madl in ihrem historischem Kleid, wütend, schimpfend: Zwei Krüge habe er zerbrochen. „Mozartl", sehr redegewandt, versucht, sie zu besänftigen. Sein Leben sei auch nicht einfach, ein einziges Lied wisse er zu singen, er ziehe mit seiner Harfe von

Wirtshaus zu Wirtshaus und versuche ein paar Münzen zu verdienen. – Im Laufe der Stadtführung treffen die Beiden immer wieder auf die Gruppe, noch immer ist die Zeche nicht beglichen und dann fehlt ihm gar die Harfe. Als das Madl damit um die Ecke kommt und Auslöse haben will, wird „Mozartl" ganz charmant: „Das Lächeln einer Kellnerin, des is grad a so wichtig, wie der Schaum auf dem Bier ..."
Das Führungsangebot der STADTMAUS beschränkt sich aber nicht auf Regensburg. Im idyllisch gelegenen Eichofen im Labertal verbindet sie kulturelles Erleben mit kulinarischen Genüssen: Führungen mit anschließendem Menü wie die „Nacht des Bieres" und die „Romantische Abendführung" sind Highlights.

LUISE HÄNDLMAIER GMBH & CO KG

**Luise Händlmaier
GmbH & Co KG**

Eschenbacher Straße 2
93057 Regensburg

Telefon 09 41/6 95 54 -0
Telefax 09 41/6 95 54 -60

Zur Weißwurst gehört der süße Senf wie der weißblaue Himmel zu Bayern. Denkt man an süßen Senf, so denkt man an Händlmaier. Das Original in den Gläsern und Tuben mit den roten Deckeln und neuerdings in trendigen Kopfstandflaschen stammt aus Regensburg. Die Rezeptur für den Senf entwickelte Johanna Händlmaier, die mit ihrem Mann Karl ab 1910 eine eigene Metzgerei in der Altstadt von Regensburg betrieb. Damals war es in jeder Metzgerei üblich, den eigenen Senf herzustellen, und so wollte auch Johanna Händlmaier ihren Kunden etwas ganz Besonderes zu den selbst gebrühten Würsten ihres Mannes anbieten. Bald sprach es sich herum, dass man bei ihr eine wahre Delikatesse kaufen konnte, immer frisch zubereitet, von edlem Geschmack und mit einer feinen, süßen Note. Ihr Sohn Joseph übernahm 1945 zusammen mit seiner Frau Luise die Metzgerei und gründete sechs Filialen. Der Senf wurde weiterhin nach dem geheimen Familienrezept in der Küche hinter der Metzgerei gerührt, von Hand und mit viel Arbeitseinsatz. Als 1955 Luise Händlmaier überraschend Witwe wurde führte sie zwar die Metzgerei weiter, entschloss sich aber ein paar Jahre später, alles an den Wurstfabrikanten Ostermeier zu verkaufen. Dieser hatte jedoch eine Bitte: Ob Frau Händlmaier den Senf weitermachen und in seine Filialen bringen könne, gegen Bezahlung versteht sich. Im kleinen Stil und in Handarbeit stellte Luise Händlmaier fortan den süßen Hausmachersenf nach dem Rezept ihrer Schwiegermutter weiter her: Senfkörner zermahlen, mit Branntweinessig mischen, mit geheimen Zutaten würzen, unter ständigem

REGENSBURG

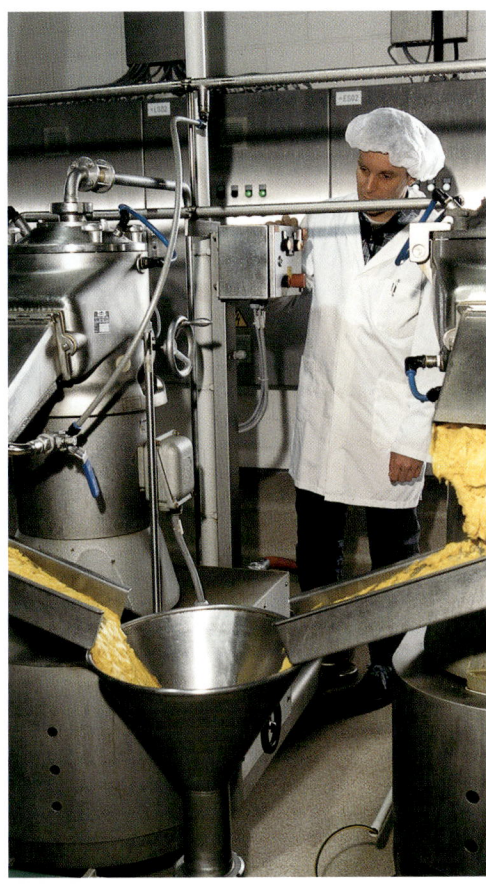

Umrühren aufkochen und in Gläser abfüllen. All diese Arbeitsschritte führte sie weiterhin in den Geschäftsräumen in der Gesandtenstraße, mitten in der Regensburger Altstadt, durch. Schnell stellte sich für die beliebte Delikatesse der Geschäftserfolg ein und Luise Händlmaier suchte sich fleißige Helfer für die Senfproduktion. Was einst als Nebenbeschäftigung begonnen hatte, führte 1964 zur Firmengründung. Da es unmöglich wurde, den Senf allein auszuliefern, übernahmen 1965 die Milchwerke in Regensburg den Vertrieb und bestückten etwa 400 Lebensmittelgeschäfte in der Umgebung mit dem süßen Hausmacher Senf. Luise Händlmaier führte die Firma bis zu ihrem Tod 1981.

Danach übernahm ihre Tochter Christa Aumer die Geschäfte und holte 1988 ihren Sohn Franz Wunderlich mit in die Firmenleitung. Kaum vorstellbar, dass zu dieser Zeit der Senf immer noch in den Räumlichkeiten in der Altstadt hergestellt wurde, immerhin schon von 15 Mitarbeitern. Da lag es nahe, ein neues Firmengebäude zu bauen. 1992 wurden die neuen Produktionsanlagen im Industriegebiet Haslbach in Betrieb genommen.

2002 folgte eine neue Halle und 2003 eine neue Produktionslinie. Heute werden die Händlmaier-Produkte national überall gelistet. Das Senfsortiment umfasst die Produkte „Süßer Hausmachersenf", „Altbayerischer Senf", „Original Bayerischer Weißwurst Senf" und „Mittelscharfer Senf". Basis der Produkte ist hochwertige Senfsaat, die aus Kanada importiert wird. Die Senfpflanze gehört wie die Rapspflanze in die botanische Familie der Kreuzblütler. In ihren Schoten bringt sie kleine runde Körner hervor, die je nach Sorte unterschiedlich scharf sind.

Meerrettich sowie äußerst delikate Senfsaucen in Gourmet-Qualität gehören ebenso zum Sortiment. Ob mit Honig, Dill, Orange oder Pfeffer gewürzt, die Senfsaucen sind vielfältig einsetzbar und erfreuen die Feinschmecker.

Bei all diesen leckeren Gewürzmischungen kann einem wahrhaft das Wasser im Mund zusammenlaufen. Wer sie einmal probiert hat, der möchte sie nicht missen. Händlmaier vertreibt seine Produkte auch ins benachbarte Ausland. Selbst in Übersee ist der Senf erhältlich, denn Markennamen rufen ja bekanntlich Heimatgefühle hervor. Ein Händlmaier-Senf schmeckt auch in Amerika unvergleichlich gut – wie Exilbayern bestätigen.

METZGEREI GIERSTORFER

Metzgerei Gierstorfer

Haidauer Straße 29 a
93102 Pfatter

Telefon 0 94 81/16 61
Telefax 0 94 81/16 71

Kommen wir nun zu der Weißwurst an sich. Sie ist ein typisch bayerisches Lebensmittel und stammt ursprünglich aus München. Puristen ziehen auf der Landkarte einen imaginären „Weißwurstäquator" und schwören auf die Weißwürste, die südlich der Donau hergestellt werden.
So haben wir uns auf die kulinarische Entdeckungsreise begeben und in Pfatter, zwischen Regensburg und Straubing, die Metzgerei Gierstorfer gefunden. Was zugegebenermaßen nicht weiter schwer war, denn die Metzgerei genießt einen ausgezeichneten Ruf. Nicht umsonst haben Metzgermeister Artur Gierstorfer und seine Frau Annette in Regensburg drei Filialen, die sie tagtäglich mit frischen Wurstwaren beliefern.
Die Zeitschrift „Essen & Trinken" ist auf sie aufmerksam geworden und empfiehlt ihre Weißwürste. Die Marketinggesellschaft für Handel und Handwerk in Hilden (MHH) verleiht der Metzgerei seit fünf Jahren und nach umfangreichen Prüfungen aller Geschäfte inklusive Fachpersonal regelmäßig die Auszeichnung „Fünf-Sterne-Fleischer". Allein bei der letzten Prüfung der Deutschen Landwirtschaftsgesellschaft (DLG) erwarb die Metzgerei zudem vier Gold- und eine Bronzemedaille. Gourmets wissen dies alles zu schätzen, sonst wäre die Metzgerei

PFATTER

nicht in die Chaîne des Rôtisseurs, eine weltweite Gourmetvereinigung zur Erhaltung und Förderung der gehobenen Küche und der Tafelkultur, aufgenommen worden. Stolz ist Herr Gierstorfer auch auf das ff-Qualitätsprüfzeichen 2000, welches er für seine Spezialitäten erhalten hat. Diese zeichnen sich durch niedrige Fettgehalte aus, die weit unter den gesetzlich zulässigen Höchstwerten liegen. So kann man hier Beinschinken, Wacholderschinken und Hinterschinken (alle ohne Fettrand) mit 3 Prozent Fett erwerben, ebenso Pastrami, Lachsschinken und Kaiserfleisch.

Das spezielle Magersortiment zur fettarmen Ernährung ist noch umfangreicher, doch wir wollen jetzt wieder zur Weißwurst zurück. Über sie weiß Herr Gierstorfer zu berichten: „Auf das richtige Mischungsverhältnis von magerem Fleisch und Speck kommt es an, ob man drei oder vier Weißwürste essen kann oder schon nach einer Wurst das Messer zur Seite legt".

Für seine Weißwürste verwendet er mageres Kalbfleisch, Schweinefleisch, Speck und Schwarte von jungen Schweinen, viel frische Petersilie, Zwiebeln, Kochsalz, Zitrone, Eis und natürlich Gewürze. Das Eis sorgt für die angenehm leichte Konsistenz der Ware und hilft zudem, die hohe Reibungswärme, die bei 5000 Umdrehungen pro Minute im Kutter entsteht, zu senken. Bleibt die Frage warum Weißwürste weiß und nicht rot sind, wie die meisten Würste, die in der Auslage liegen.

Das Geheimnis liegt am Salz. Nicht Pökelsalz kommt zum Einsatz, sondern Kochsalz, das im Gegensatz zu Pökelsalz kein Nitrit enthält und deshalb auch nicht den roten Farbstoff des Muskelfleisches erhalten kann. Früher waren Weißwürste leicht verderblich, da sie als frisches Brät verkauft wurden – und weil es keine Kühlmöglichkeiten gab, sollten die Würste bis mittags verzehrt sein. Heute werden die Würste in der Metzgerei gebrüht und im Kühlschrank gelagert, dennoch ist es in Bayern selbstverständlich, dass die Weißwurst das Zwölf-Uhr-Läuten nicht hören darf. Schließlich handelt es sich bei der Weißwurst um ein Brotzeit-Schmankerl für den Vormittag und nicht um eine Mahlzeit.

Wer sich für die Herstellung der Weißwurst interessiert, hat die Möglichkeit, in einer Gruppe die Metzgerei zu besuchen. Auf Anfrage zeigt Herr Gierstorfer alle Arbeitsschritte bis die Brätmasse mit Hilfe der Wurstspritze in 90-Gramm-Einheiten in den Naturdarm gedrückt wird und bei 72 °C gar siedet.

Warum also nicht den nächsten Betriebsausflug in die Metzgerei planen? Zumal man anschließend die ultimativ frischen Weißwürste zu einem Weißbier gleich essen kann – frischer geht es wirklich nicht!

Das Sortiment der Metzgerei umfasst auch pfannenfertige Gerichte, Käse und viele Spezialitäten wie die Weltenburger Klosterwurst, Leberpastete mit Maraschinolikör und Schinkentorte in Aspik. Darüber hinaus bietet die Metzgerei einen hauseigenen Platten- und Partyservice an.

GOLDENER ENGEL

Gasthaus Goldener Engel

Oberer Stadtplatz 6
94469 Deggendorf

Telefon 09 91/47 67
Telefax 09 91/3 79 06 67

Alle drei Jahre veranstaltet das Bayerische Staatsministerium für Landwirtschaft und Forsten den „Wettbewerb Bayerische Küche", um die Qualität und die Vielfalt regionaltypischer Speisen in bayerischen Gaststätten zu fördern und damit ein Stück Lebenskultur zu erhalten. Unter dem Motto „Gemütlich genießen im bayerischen Wirtshaus" werden Lokale ausgezeichnet, die sich für die Erhaltung der bayerischen Wirtshaustradition einsetzen und frische Produkte aus der Region für ihre Gerichte verwenden. Im Wettbewerb 2004 ging das alteingesessene Gasthaus Goldener Engel als Sieger im Landkreis Deggendorf hervor.
In den denkmalgeschützten Räumlichkeiten des Anwesens am Oberen Stadtplatz in der Fußgängerzone von Deggendorf wird niederbayerische Gastlichkeit seit Jahrhunderten gepflegt. Das Haus soll erstmals 1694 einem Weingastgeber gehört haben und ist im Laufe seiner Geschichte mehrmals verkauft und vererbt worden.
Seit 1999 führt Helmut Kurz nun das feine Traditionshaus und setzt mit seiner Küche Akzente in Sachen Frische, Geschmack und Einfallsreichtum. Seine Gäste, ob jung oder alt, sollen sich bei ihm wohl fühlen, gesellig beisammen sitzen können – dabei auch Karten spielen oder musizieren – und immer etwas Passendes auf der Speisekarte finden. Das Angebot reicht von deftiger Brotzeit bis hin zu feinen 5-Gänge-Menüs, wobei Helmut Kurz Wert darauf legt, dass neben

DEGGENDORF

den regionalen Spezialitäten auch leichte, vegetarische Gerichte sowie edle Kreationen die Gaumen der Genießer verwöhnen. Er ist offen für moderne Einflüsse, und so kann der Gast neben bodenständigen Schmankerln wie kesselfrische Weißwürste, saures Lüngerl mit Semmelknödel oder Schweinefiletmedaillons in Bierrahmsauce mit Schmorzwiebeln und Fingernudeln auch italienisch angehauchte Bandnudeln in Weißweinsauce mit Blattspinat, Artischockenherzen, Champignons und frisch gehobeltem Parmesan oder einen gemischten Salatteller mit Rinderfilet, Kürbiskernen und frisch gehobeltem Pecorino genießen. Als Nachtisch bieten sich bayerische-böhmische Mehlspeisen an, zum Beispiel die mit Powidl (Zwetschgenmus) gefüllten Liwanzen. Dabei werden selbstverständlich keine Convenience-Produkte verwendet, sondern alles frisch zubereitet – von dem Hefeteig für die Mehlspeisen über die Fingernudeln bis zu den Kartoffelnkrapfen. Das Wild stammt von Jägern aus der Umgebung. Für die Fischgerichte werden vornehmlich einheimische Arten wie Hecht, Karpfen, Flussbarsch und Waller zubereitet. Die Getränkekarte führt das gepflegte Bier einer heimischen Brauerei auf und überrascht mit einer guten Auswahl edler internationaler Weine.

Jeden 2. und 4. Mittwoch im Monat findet im Gasthaus Goldener Engel ein Musikantenstammtisch statt, bei dem altbayerische Musik erklingt und der Wirt auch selbst böhmischen Dudelsack spielt.

Weißwurst-Seminar

Ein immer aktuelles Thema selbst an alteingesessenen Stammtischen in Bayern ist die Frage, wie denn die Weißwurst richtig gegessen wird. Soll man sie „auszuzzeln"? Darf man sie kreuzweise einschneiden? Muss man sie ohne Haut essen? Fragen über Fragen, über die das eine oder andere Weißbier getrunken wird und sich so manche hitzige Diskussion entwickelt. Um die Wissenslücken bezüglich Weißwurst, süßem Senf, Brezn und Weißbier zu schließen, bietet sich für „Zuagroaste", Touristen und selbst für Einheimische an, eine entsprechende Fortbildung zu besuchen. In seinem amüsanten und informativen Seminar führt Roman Fischer – seines Zeichens staatlich geprüfter Stadtführer in Deggendorf – in die hohe Kunst des Weißwurst-Essens ein. Dass dies keine bierernste Veranstaltung, sondern ein informatives und lustiges Fest für Augen, Ohren und Geschmacksknospen ist, sei vorab verraten. Das Weißwurst-Seminar wird nicht nur im Gasthaus Goldener Engel abgehalten und kann bei Roman Fischer oder über die Tourist-Info Deggendorf gebucht werden. Termin und Ort nach Absprache.

Weißwurst-Seminar
Roman Fischer

Eichendorffstraße 7
94447 Plattling

Telefon 0 99 31/90 79 90
Tourist-Info 09 91/2 96 05 35

KOCHEN MIT BIER

KOCHKUNST VOM FEINSTEN

Kochen mit Bier, ein neu entdeckter Trend, verspricht höchsten kulinarischen Genuss. Schon im Mittelalter stillten einfache Biersuppen mit Grieß den Hunger der Menschen; Leckermäuler bevorzugten die süßen Varianten und schmeckten sie mit Zimt und Zucker ab. Heute nutzen Spitzenköche die feinen geschmacklichen Nuancen der bayerischen Bierspezialitäten, um ihre Kreationen raffiniert abzurunden. Abwechslungsreiche Speisekarten in gemütlichen Wirtshäusern, gepflegten Lokalen und feinen Spitzenrestaurants weisen dabei neben den klassischen Gerichten wie Schweinebraten mit Dunkelbiersauce frische, leichte Speisen mit Bier quer durch die Menüfolge auf. Bayerns Biervielfalt bietet dazu die passenden Gerstensäfte. Brauereigasthöfe profitieren zudem vom nahen Sudkessel und bedienen sich auch der konzentrierten Würze, bevor diese vergoren wird.

Die Vorzüge von Bier als Kochzutat sind vielfältig. Aroma, Geschmack und Spritzigkeit verfeinern die Gerichte auf besondere Art. Zu beachten ist, dass Bier nicht verkochen darf, da es sonst bitter schmeckt. Am besten eignen sich Biersorten mit wenig Hopfen wie Lager/Hell, Weißbier und Dunkles. Von dem feinen Bieraroma profitieren nicht nur Salatdressings. Lager/Hell, das beliebte feinwürzige, leicht gehopfte Vollbier, verleiht zum Beispiel Hühnerbrühe einen kräftigen Geschmack. Mit ihrem erfrischend fruchtigen Geschmack bieten sich Weizenbiere als raffinierte Würze für Fleisch, Fisch und Geflügel sowie den dazu passenden Saucen an. Dunkles Weizen umschmeichelt zudem ein leichtes Malzaroma. Alle Sorten Weizenbier eignen sich auf ideale Weise für Marinaden und Beizen, um Rindfleisch und Wild Geschmack und Zartheit zu verleihen. Aufgrund seines hohen Kohlensäuregehaltes lockert Weißbier Teige auf und sorgt für luftige Soufflés, Pfannkuchen und Puddinge. Die bayerischen Bock- und Doppelbockbiere mit ihren hohen Gehalten von über 16 % bzw. 18 % Stammwürze und 6 bis 7 Alkohol-Vol-% zeichnen sich durch eine weinig-malzige Blume und vollmundigem, süßen Geschmack mit dezentem Karamellaroma aus. Dieser kommt in köstlichen Desserts – von Eis bis Sabayon – bestens zur Geltung.

Trending präsentieren sich mit Bier aufgepeppte Cocktails, geschüttelt und gerührt mit den klassischen Zutaten und aufgefüllt mit perlendem Gerstensaft. Erlaubt ist, was schmeckt. Wer danach noch Auto fahren will, findet in Kreationen mit alkoholfreiem Bier garantiert eine geschmacklich harmonische Alternative.

Hopfenspargelsalat mit Almühltaler Lammschinken an Bierdressing

Zutaten

Hopfensprossen
Altmühltaler Lammschinken
Für die Marinade:
$1/3$ helles Bier, $2/3$ leichte Brühe
milder Essig
(z.B. Grüner-Veltliner-Essig)
Öl, Salz, Pfeffer
frisch gehackte Petersilie
frisch gehackter roter Basilikum
frisch gehackter Bärlauch

Zubereitung

Hopfensprossen mit grobem Salz zwischen den Händen abreiben, dann waschen. Hopfensprossen nicht abschneiden, sondern brechen. Blanchieren.
Für die Marinade Bier, Brühe, Essig und Öl verrühren. Salz, Pfeffer und Kräuter zugeben. Den Salat damit anrichten und abschmecken. Den Lammschinken fächerartig auslegen und den Hopfenspargelsalat darauf geben. Dazu ein frisches Weißbier reichen.

Zu jeder Speise das passende Bier

Bayerische Biere auf Tisch und Tafel laden zu geschmacklichen Entdeckungsreisen ein. Gemütlich genießen in bayerischen Wirtshäusern bedeutet auch, ein gutes Essen zum Bier zu verzehren. Traditionell kommen bis zum mittäglichen Glockenschlag die beliebten Weißwürste mit süßem Senf, Brezen und einem spritzigen Weißbier auf den Tisch.

Für kulinarische Genüsse in einem Menü sollte Bier wie Wein passend zum Gericht gewählt werden. Die Bierfolge (erst schlank, mild, hell, später vollmundig, kräftig, dunkel) soll sich der Speisenfolge anpassen (zunächst leicht, zart, mild, leicht salzig, danach kräftig, würzig, scharf und schließlich süßlich). Wer bei einem Essen unterschiedliche Biere kosten möchte, nutzt am besten kleine Gläser.

Um die Geschmacksknospen auf die kommenden Gaumenfreuden einzustimmen, bietet sich ein spritziger Aperitif, etwa ein feinherbes Pils – pur oder mit einem Schuss Campari als Cocktail gemixt – bzw. ein leichtes, perlendes Weißbier an. Mit seinem intensiven Hopfenaroma und seiner feinen bitteren Note harmoniert Pils darüber hinaus bestens mit knackigen Blattsalaten, vegetarischen Gerichten, Fleisch- und Nudelgerichten sowie Käse.

Leichte schlanke Biere wie alkoholfreies Bier, untergärige Leichtbiere und leichtes Weizen harmonieren vorzüglich zu Gemüse, beispielsweise Spargel, sowie zu zarten Fleisch-, milden Fischspeisen und delikaten Meeresfrüchten. Gebratener Fisch dagegen verträgt schon ein etwas kräftigeres Bier wie dunkles Lager oder Export. Das vollmundige Export begleitet auch gut deftige, gehaltvolle Gerichte der traditionellen bayerischen Küche wie Schweinebraten und Eintöpfe.

Die Bierauswahl zu Geflügel richtet sich nach der Fleischfarbe. Das helle Huhn- und Putenfleisch harmoniert mit leichten und hellen Biersorten. Ente oder Truthahn vertragen dagegen vollmundige Biere, etwa ein dunkles Weizen, Schwarzbier oder Märzen. Auch kräftige Braten aus Schwein- oder Rindfleisch verlangen nach einem Gerstensaft, der in Geschmack und Stammwürze einen Gegenpol setzt. Alle dunklen Vollbiere passen hier dazu. Zu Wildgerichten darf es auch schon mal ein Bockbier oder ein Roggenbier sein.

Für alle, die nur aufs Dessert warten, sollten Biere mit einer hohen Stammwürze bereitstehen. Die dezente Malzsüße von Dunklem, Märzen und Bockbier harmoniert aufs beste mit den süßen Speisen zum Nachtisch. Soll Käse das Mahl beenden, so bieten sich zum Beispiel vollmundige Weizenbockbiere an.

Essen im Biergarten

Nach alter Tradition darf man in Bayern seine eigene Brotzeit in den Biergarten mitnehmen. Dennoch bieten die meisten Biergärten auch Essen an. Zum typischen Biergartenessen gehören Radis. Dies sind weiße Rübenrettiche, die entweder in dünne Scheiben oder als dünne Girlande geschnitten und gesalzen werden, damit sie Wasser ziehen. Auch gibt es frische Brezen, dünn geschnittenen Emmentaler, Schwarzbrot mit Kruste in dicken Scheiben sowie Obazda, eine streichfähige Käsezubereitung aus Camembert, Zwiebeln, Butter, Sahne, Gewürzen und etwas Bier.

Beliebt sind auch Steckerlfische, aufgespießte, stark gewürzte Forellen, Lachsforellen oder Renken, die, mit Butter eingepinselt, schräg über Holzkohle gegrillt werden. Mit ihrer knusprigen Haut sorgen sie für einen ganz besonderen Genuss. Zusammen mit einer frischen Maß Bier stellt sich die bayerische Gemütlichkeit im Biergarten von alleine ein und man genießt sein Essen unter freiem Himmel.

SCHLOSSBRÄU MARIAKIRCHEN

Schlossbräu Mariakirchen

Obere Hofmark 3
94424 Arnstorf-Mariakirchen

Telefon 0 87 23 / 97 88 90
Telefax 0 87 23 / 97 88 98

Ein neuer Stern erstrahlt seit kurzem in der niederbayerischen Bierlandschaft. Der Schlossbräu Mariakirchen eröffnete 2003 seine Pforten und gilt als Geheimtipp in der Bierszene.

Der kleine beschauliche Ort Mariakirchen liegt in der Ferienregion Rottal-Inn, im Kollbachtal zwischen Vils und Rott. Kunstinteressierten ist vor allem die Pfarrkirche Mariä Himmelfahrt, der „Dom des Kollbachtals", bekannt. Die Kirche wurde im Spätbarock erbaut, 1751 eingeweiht und erstrahlt seit ihrer Renovierung im Jahr 2000 wieder in ihrer ursprünglichen Schönheit.

Der zweite prägnante Bau des Ortes ist das im 16. Jahrhundert errichtete Wasserschloss mit seinem schönen Renaissance-Portal. Ignaz Freiherr von Pfetten errichtete nur ein Jahr nach Fertigstellung der Kirche das zum Schloss gehörende Brauhaus. Hier braute man, wie es früher üblich war, das Bier vornehmlich für den eigenen Gebrauch. 1785/86 wurde das herrschaftliche Stallgebäude mit böhmischem Gewölbe errichtet und bis nach dem zweiten Weltkrieg für landwirtschaftliche Zwecke genutzt. Obwohl es unter Denkmalschutz stand, wurde es 2000 wegen des desolaten Bauzustandes zum Abriss freigegeben.

Nach dem Erwerb der Schlossanlage 2002 entschied der in Arnstorf ansässige Unternehmer Hans Lindner jedoch, das Anwesen zu erhalten und es in eine stilvolle Haus-

MARIAKIRCHEN

brauerei zu verwandeln. Das langgestreckte Gebäude mit dem gemauerten Gewölbe wurde aufwändig und bis ins kleinste Detail stilvoll restauriert.

In der „Braustube" mit dem kupfernen Sudkessel lässt sich hautnah miterleben wie die Mariakirchener Schlossbräubiere nach dem deutschen Reinheitsgebot gebraut werden. Helles, Dunkles, Weißbier sowie den früher zur Erntezeit üblichen alkoholärmeren hellen „Scheps" gibt es das ganze Jahr über. Je nach Jahreszeit werden noch Spezialbiere eingebraut wie etwa das Bockbier zur Fastenzeit. Alle Biere sind nach alter Tradition unfiltriert und deshalb naturtrüb. Nach der Gärung verbringt das Bier sechs bis acht Wochen in Lagertanks, bevor es direkt zum Zapfhahn an der Theke fließt. Hier holen sich die Gäste ihr Bier selbst ab. Nach altem bayerischen Brauch ist es zudem in Mariakirchen Sitte, die eigene Brotzeit selbst mitzubringen, egal ob man draußen im Biergarten oder drinnen im Schlossbräu sitzt. Dennoch werden immer auch ein paar Kleinigkeiten zum Essen angeboten, damit sich jeder rundum wohlfühlen kann.

Wer in gemütlicher Runde mit bis zu 200 Personen sein eigenes Fest in Mariakirchen feiern will, der kann sich die Räume „Schlossstube" und „Gute Stube" reservieren lassen und gleich ein bayerisches Festessen mitbestellen. Ein im Ganzen gebratenes Spanferkel oder andere Köstlichkeiten werden auf der Lore, einem fahrbaren „Tischlein deck dich", auf Schienen serviert.

Ein besonderes Erlebnis sind die Bierseminare, bei denen der Braumeister jeden Montag und Dienstag um 17:00 Uhr (oder nach Anmeldung) die Geheimnisse des Bierbrauens verrät, das Bier zur Verkostung ausschänkt, eine Brotzeit reicht und nach eingehender Wissensprüfung „Bierkennerdiplome" ausstellt.

Als Verbindungselement zwischen dem Schlossbräu und dem Schloss befindet sich ein großer Biergarten mit alten Kastanien, der dem historischen Ensemble ein wunderschönes Ambiente verleiht. Hier kann man die Seele baumeln lassen und den Blick auf das Wasserschloss genießen. Das Schloss selbst ist im Rahmen von kulturellen Veranstaltungen zugänglich und im Schlosspark lässt es sich ganzjährig spazierengehen.

Schlossbräu Mariakirchen ist geöffnet von Montag bis Samstag 16 bis 24 Uhr (im Sommer samstags schon ab 13 Uhr) sowie sonntags von 13 bis 24 Uhr. Schauen Sie mal rein, „a Bier schad't nia!"

GASTHOF WASNER

Gasthof Wasner

Passauer Straße 9
84364 Bad Birnbach

Telefon 0 85 63/8 71
Telefax 0 85 63/5 23

Das Rottal ist ein traumhaft schönes Stück Altbayern, in dem sich unzählige Dörfer, Weiler und Einödhöfe zu einem harmonischen Bild zusammenfügen und die Kirchtürme als höchste Bauten in den Himmel ragen. 1600 Meter unter diesem herrlichen Flecken Erde liegt ein ganz besonderer Schatz verborgen: Thermalwasser, heilend und wohltuend für Körper und Seele. Mit bis zu 70 °C und hoch mineralisiert kommt es in der „Rottal Terme" in Bad Birnbach an die Oberfläche. Gesundheit und Wellness locken jedes Jahr viele Kur- und Badegäste an, die sich hier vom Stress des Alltags erholen und Kraft tanken. Bad Birnbach darf sich zu Recht das „ländliche Bad" nennen, denn durch landschaftsgeprägtes Bauen und behutsames Restaurieren des alten Ortskerns ist sein dörflicher Charakter erhalten geblieben.

In der „Alten Hofmark" befindet sich der Gasthof Wasner, ein Gasthaus wie aus dem Bilderbuch. Hier wird seit Generationen altbayerische Gastlichkeit gepflegt. Tüchtige Wirtsleut haben die Geschichte des Hauses geprägt: Da waren Johann und Agnes Wasner, die um die Jahrhundertwende die gleichnamige Metzgerei gründeten und den großen Festsaal bauten. Dann übernahmen Sohn Hans und seine Frau Maria den Betrieb und machten den „Wasner" über das Rottal hinaus bekannt. Hans Wasner war jahrelang Obermeister der Metzgerinnung und ein sehr geselliger Mensch mit spitzbübischem Humor. Noch heute rankt sich so manche Stammtischgeschichte um den „Wasner-Opa", denn er war als Wirt und Metzger ein Original. 1980 übernahmen Tochter Hansi und ihr Mann Horst das Traditionshaus und renovierten es mit Liebe zum Detail von Grund auf. Als gelernter Möbelfachmann zeichnet Horst Weber auch für die einfühlsame Restaurierung der mit hölzerner Wandvertäfelung versehenen Innenräume sowie der historischen Decken und Böden verantwortlich.

Mit der gemütlichen Gaststube mit Kachelofen, zwei heimeligen Stüberln, einem kleinen und dem renommierten großen Wasner-Saal, findet sich für jede Gelegenheit ein passender Raum, der dann von der Wirtin dem Anlass entsprechend liebevoll dekoriert wird. Die hier gefeierten Feste sind weit über die Landkreisgrenzen bekannt. Ob Hochzeiten, große Familien- und Vereinsfeiern, Brauchtumsfeste oder Tanzveranstaltungen, immer sorgt die behagliche Atmosphäre und die aufmerksame Bewirtung für

BAD BIRNBACH

zufriedene Gäste aus nah und fern. Mit der Einweihung des neuen Hofgartens, der sich als teilweise überdachter Innenhof präsentiert, bietet der Gasthof Wasner einen weiteren, sehr schönen Rahmen für stimmungsvolle Feste.

Zum Ausschank kommen seit 125 Jahren die gepflegten Graf-Arco-Biere der Gräflichen Brauerei Arco-Valley. Ein spritziges Weißbier und dazu kesselfrische „Weißwürscht" im Biergarten unter alten Kastanien sind immer ein willkommener Grund, im Gasthof Wasner einzukehren.

„Grüß Gott beinand" heißt eine Tafel am Eingang alle willkommen und verspricht urige Atmosphäre. „Unser Speis-kart'n" liest sich wie ein Grundkurs in altbayerischer Mundart. Unter „des hamma heit kocht!" ist zu finden, was die Küche am jeweiligen Tag an besonderen Gaumengenüssen bereitet hat. Da gibt's ofenfrische Kalbshaxen für „zwoa Leit", deftige Metzgerpfandl und Schlachtschüsseln, gschpickte Braten auf „Großmutters Art" und natürlich auch Wild- und Fischspezialitäten. Der Nachtisch verbirgt sich hinter „Nu ebbs für de Gschleckerten" und bietet so feine Sachen wie den beliebten Kaiserschmarrn im Eisenpfanderl und die hausgemachten Apfelradl. Aber keine Angst, auch „Zuagroaste" verstehen was es gibt, man muss im Zweifel einfach laut vorlesen. Ansonsten hilft die freundliche und flotte Bedienung beim Übersetzen.

Beim Wasner richtet sich die Küche nach dem altbayerischen Kirchen-

jahr. Jeden Monat gibt es, dem Wasner-Wirt-Kalendarium zufolge, die passenden Schmankerl: vom Lichtmessschmaus über das Pfingstochsenbratl bis zur Martinigans. Das Fleisch stammt aus der familieneigenen Metzgerei unter Führung von Sohn Hannes, der wie schon der Großvater das Vieh ausgewählter Bauern des Rottals zu hochwertigen Wurst- und Fleischwaren verarbeitet.

Viele Auszeichnungen wurden dem Gasthof Wasner in den letzten Jahrzehnten zuteil. Darunter auch der Ehrenpreis vom Staatsministerium für die Erhaltung und Wiederbelebung der bayrischen Wirtshaustradition. Und diese Tradition spüren auch die Gäste, wenn sie sich in der alten Gaststube voller Lachen und Reden schnell „daheim" fühlen und gerne wiederkommen. Denn hier lebt ein Stück Bayern, das es zu bewahren gilt.

FERIENLAND AM NATIONALPARK –

Zenting

Zwischen Zenting und Haidmühle, Waldkirchen und Spiegelau erstreckt sich das Ferienland am Nationalpark Bayerischer Wald mit seiner einzigartigen Naturlandschaft. Am Fuße des Brotjacklriegels, dem höchsten Berg des Vorderen Bayerischen Waldes, öffnet sich das Zentinger Tal nach Südosten, der Sonne entgegen, und gibt einer Region ihren Namen: Sonnenwald. Vom Aussichtsturm des 1016 Meter hohen Brotjackriegels kann man bei klarem Wetter einen phantastischen Ausblick über das Donautal zu den Alpen genießen und nach Norden über die bewaldeten Höhen des Bayrischen Waldes schauen. Diese Mittelgebirgslandschaft mit ihrer sauberen Luft, den sanften, weitläufigen Tälern und den lichten Mischwaldhügeln lädt ein zum Wandern und Radeln ohne Föhneinfluss. Mehr als 500 Kilometer markierte Wege sind erschlossen.

Ein Ausflugsziel für „starke Männer" ist der Wackelstein im Wald von Loh, ein etwa 50 Tonnen schwerer Felsbrocken, der von meh-

NATUR ZUM GENIESSEN

reren Personen zum „Wackeln" gebracht werden kann, ohne von seinem höher gelegenen Standort herunterzufallen.
Die Ursprünglichkeit der Haidelregion am Dreiländereck Tschechien, Österreich, Deutschland bietet mitten in Europa ein einzigartiges Erholungsgebiet. Auf unzähligen Wanderwegen kann man Hochmoore und Heidewiesen, liebliche Bachtäler und urige Bergwälder kennenlernen. Im Winter bietet das schneesichere Gebiet gespurte Loipen und Liftanlagen für sportliche Aktive. Wer es gemütlicher mag, der genießt die traumhafte Winterlandschaft bei Schneewanderungen, Schlittenfahrten oder Winterritten.
An der bayerisch-böhmischen Grenze entstand der erste Nationalpark auf deutschem Boden, der mit dem direkt anschließenden „Nationalpark Böhmerwald" den größten Waldnationalpark Europas bildet. Hier darf sich die Natur seit etwa 35 Jahren ohne Eingreifen von Menschenhand in ihrem eigenen Rhythmus zum „Urwald" zurückentwickeln. Das Tierfreigehege am Nationalpark bietet Wölfen, Bären, Luchsen und anderen Tieren weitläufige Gehege, die ihren natürlichen Lebensgewohnheiten sehr nahe kommen.

Steinernes Kirchlein

Ebenreuth

Das Biertor in Cham

KAMM-BRÄU

Traditionsgasthof – Hotel Kamm-Bräu

Bräugasse 1
94579 Zenting

Telefon 0 99 07/89 22 -0
Telefax 0 99 07/89 22 -31

Ein großes Gemälde eines Brauers an der Fassade des Traditionsgasthofes Kamm-Bräu erinnert noch heute an jene Zeiten, in denen Familie Kamm das Bier in der hauseigenen Brauerei für ihren Gasthof und die Bevölkerung von Zenting braute. Die Chronik des Hauses weist die Gründung einer Brauerei im Jahre 1740 aus, die 1883 in den Besitz der Familie Kamm gelangte. „Bier-Brauerei Jakob Kamm" stand vor gut 100 Jahren in großer Schrift am Haus wie alte, leicht verblichene schwarz-weiß-Fotos verraten. Schon damals war der Gasthof in der Ortsmitte von Zenting ein beliebter Rastplatz für „Sommerfrischler" aus den Städten. Eine Aufnahme von 1936 zeigt auch Radfahrer: „Ja, wir san mit'm Radl da". Der Biergarten vorm Haus mit seinen Kastanienbäumen hat diese Zeit längst überlebt und lockt immer noch Einheimische und Gäste an. Heute präsentiert sich der Kamm-Bräu als liebevoll eingerichtetes Landhotel, das traditionelle und moderne, komfortable Werte angenehm miteinander verbindet. Es wird von Sigrid Kamm geführt und bietet neben dem regulären Aufenthalt auch interessante Erlebnis- und Pauschalwochen an. „Geniessen auf echt bayerisch" lautet Sigrid Kamms Devise wenn sie ihre Gäste mit regionalen Schmankerln verwöhnt. Serviert wird in einem romantischen Ambiente, im heimeligen Gewölbe oder in der gemütlichen Stube. Als gelernte Köchin versteht Sigrid Kamm ihr Handwerk und verwendet für

BENTING

ihre Köstlichkeiten am liebsten frische Zutaten aus eigener Produktion und jener von einheimischen Bauern. Kräuter und Gemüse aus dem Garten hinterm Haus, Zander, Karpfen und Forellen sowie Lammfleisch aus hauseigener Zucht sorgen für den unverfälschten Geschmack ihrer Gerichte. Wild aus der Region dient der Zubereitung origineller Wildspezialitäten. Entspannung vom hektischen Alltag finden die Urlauber am hauseigenen Naturbade- und Angelsee, an dem sich sowohl ein schöner Holzsteg als auch eine Blockhütte und ein Ruderboot befinden. Ob man im Sommer den Sonnenaufgang mit einer Wanderung zum See mit bloßen Füßen durch den erfrischenden Tau genießt (wie es im Rahmen der Wellnesswochen vorgeschlagen wird), abends am Lagerfeuer die Natur in ihrer ganzen Schönheit wahrnimmt oder im Winter auf dem See Schlittschuh fährt – die Erinnerung daran nimmt jeder Gast als Geschenk mit nach Hause. Für das körperliche Wohlbefinden im Haus sorgt der neue Wellnessbereich, in dem der Hotelgast kostenlos Sauna, Dampfbad, Whirlpool und Erlebnisdusche nutzen kann. Spezielle Schönheits- und Vitalwochen beinhalten neben der Unterbringung in den komfortablen Zimmern auch Vollwertkost, Wohlfühlmassagen sowie Gesichtsbehandlungen. Für alle, die nur wenig Zeit haben, bieten sich spezielle Wohlfühltage an.

Mariniertes Bachforellenfilet auf frischen Gartensalaten

Zutaten

200 g Bachforellenfilet
Salz, bunter Pfeffer aus der Mühle
Zitronensaft, Noilly Prat
frischer Dill, Estragon, Basilikum
Schnittknoblauch
verschiedene Blattsalate
(Kopfsalat, Lollo Rossa, Eichblatt, Eissalat, Feldsalat, Brunnenkresse)
1 Schalotte, 1 Knoblauchzehe
3 EL milder Rotweinessig, 1 Msp. Senf
1 EL Ahornsirup, 3 EL Pflanzenöl
3 EL Olivenöl, Butter zum Braten
verschiedene Kräuter und Blüten
(Rucola, Kapuzinerkresse, Boretsch, Kerbel, Brennnessel, junger Spinat)
Sprossen

Zubereitung

Forellenfilet mit Salz, Pfeffer, Zitronensaft und Noilly Prat würzen, mit frisch geschnittenen Kräutern einreiben und ca. 2 Std. im Kühlschrank durchziehen lassen. Die Salate waschen und trockenschwenken. Für die Marinade Schalotte und Knoblauch schälen und fein hacken. Mit Essig, Senf, Ahornsirup und beiden Ölsorten verrühren, salzen und pfeffern. Forellenfilet in brauner Butter kurz beidseitig anbraten, 5 Min. ruhen lassen. Gartensalate anrichten und mit Kräutern, Blüten und Sprossen garnieren. Die Marinade zufügen und das lauwarme Forellenfilet dazu anrichten.

GOTTINGER

Hotel-Appartements Gottinger

Hauzenberger Straße 10–12
94065 Waldkirchen

Telefon 0 85 81/98 20
Telefax 0 85 81/98 24 44

Lang Bräu Freyung

Langgasse 2
94078 Freyung

Telefon 0 85 51/57 76 -0
Telefax 0 85 51/57 76 -26

Tourismusexperten bezeichnen die Region im südlichen Bayerischen Wald an der Grenze zu Tschechien als das „Ferienland am Nationalpark Bayerischer Wald". Hier kann man die Seele baumeln lassen und die Natur von ihrer schönsten Seite erleben, beispielsweise wenn man die felsenreiche Saußbachklamm erkundet.

Als Ausgangspunkt für viele Unternehmungen in die Umgebung bietet sich der Luftkur- und Wintersportort Waldkirchen an. Waldkirchen war im späten Mittelalter der wichtigste Rast- und Stützpunkt auf dem beschwerlichen Pfad, der quer durch den Bayerischen Wald von Passau bis ins bömische Prachatitz führte. Dieser auch als „Goldener Steig" bezeichnete Weg war damals eine viel genutzte Handelsstraße zwischen Bayern und Böhmen, auf der die Salzsäumer das Salz, ihr „weißes Gold", transportierten.

Einen wunderschönen Blick auf die Bayerwaldberge hat man vom Hotel-Appartements Gottinger aus, das auf einem Bergrücken oberhalb Waldkirchens liegt. Der „Gottinger" ist seit 1872 ein Haus der Gastlichkeit, in dem die Familientradition fortlebt. Der Hausherr, Rainer Gottinger, versteht sich als Ansprechpartner für alle Belange der Gäste, von der Anreise bis zur Abreise, und vermittelt mit seinem eingespielten Team von Mitarbeitern ein Gefühl von Urlaub in einer großen Familie. Unter seiner Regie verlassen kulinarische Schmankerl die Küche, die mit frischen Zutaten der Region zubereitet werden.

Die Speisekarte regt den Appetit zum Beispiel mit wacholdergeräucherten Bayerwald-Forellenfilets mit Meerrettichsahne oder bayerischer Leberknödelsuppe sowie Waidla-Gulasch vom niederbayerischen Bullen an. Als „Waldler", mundsprachlich „Waidla", wie sich die Bewohner des Bayerischen Waldes selber nennen, liegt Rainer Gottinger seine Heimat sehr am Herzen. Zusammen mit anderen Wirten der Region gehört er der Hotel- und Gastronomievereinigung der Waidla-Wirte an und bietet Wintersportlern, Wanderern, Radfahrern, Golfern und Motorradfahrern interessante Angebote für einen abwechslungsreichen Urlaub an.

Zum Entspannen und genießen laden das Panoramarestaurant, das Spezialitätenrestaurant „Die Kartoffel" sowie bei gutem Wetter der urige Biergarten ein. Hier schmeckt das Bier der Brauerei Lang Bräu aus Freyung gleich nochmal so gut. Die Privatbrauerei Lang ist ein mittelständischer moderner Betrieb aus dem Luftkurort Freyung, der auch als Tor zum Nationalpark Bayerischer

WALDKIRCHEN

Wald bezeichnet wird. Die Brauerei wurde 1856 vom Großvater des 1991 verstorbenen Nepomuk Lang gegründet und wird heute von der Inhaberin Frau Erika Lang geführt. Das Sortiment umfasst zehn Sorten Bier, die sich großer Beliebtheit in der Region erfreuen. Auch 2004 erhielt die Brauerei Lang für langjährige, gleichbleibende Qualität die DLG-Auszeichnung „Preis der Besten" in Gold.

Hausmacher-Sülze

Zutaten für 4 Personen

300 g Sülzefleisch
(gekochte Schweinshaxn-Füsse bzw. Bratenfleisch)
1 l Wasser
1 EL Salz
1 EL Zucker
10 EL Essig
1 EL Senfkörner
1 EL Majoran
1/2 EL Pfeffer weiß gemahlen
70 g Aspikpulver
1 Essigkurke
1 Karotte, in feine Würfel geschnitten

Zubereitung

Das Fleisch in Würfel schneiden. Alle Zutaten in einem Topf aufkochen und den aufsteigenden Schaum abschöpfen.
Je nach Wunsch in diverse Formen oder Därme abfüllen und vollständig erkalten lassen. Die Sülze stets kühl aufbewahren.

SITTER BRÄU

Sitter Bräu
Landgasthof – Hausbrauerei

Gut Riedelsbach
94089 Neureichenau

Telefon 0 85 83/96 04 - 0
Telefax 0 85 83/96 04 -13

Ruhetag: Donnerstag
(außer an Feiertagen)

Das Dreiländereck Tschechien, Österreich und Deutschland bezaubert zu jeder Jahreszeit. Inmitten einer intakten Natur, in der sich Hügel, Bergwälder, Bachtäler, Wiesen und gepflegte Kulturlandschaft harmonisch abwechseln, liegt am Südhand des Dreisesselberges auf einer Höhe von 740 m das Gut Riedelsbach.

Vor dem Landgasthofes wiegt sich eine dreigeteilte Birke im Wind, die einst Bernhard Sitters Mutter zu seiner Geburt pflanzte und die sich erst teilte, als seine beiden Brüder auf der Welt waren.

Immer am Puls der Zeit lebend, haben Bernhard Sitter und seine Frau aus dem geerbten Wirtshaus mit fünf Tischen einen ansprechenden Landgasthof geschaffen. Getreu ihrer Lebensphilosophie, die Natur als Geschenk anzusehen, sie zu pflegen und davon zu leben, haben sie in Gut Riedelsbach ihre Träume einer gepflegten, Familien gerechten und für Sportler interessanten Urlaubsadresse verwirklicht, die sommers wie winters Abwechslung bietet.

Der ganze Stolz der Wirtsleute ist die 1998 eingeweihte Hausbrauerei, in der nach Bernhard Sitters Überzeugung die Biere unfiltriert bleiben, um ihren vollen, unverfälschten Geschmack entwickeln zu können. Es liegt in der Natur der Sache, dass ein unfiltriertes, nicht pasteurisiertes Bier nur kurze Zeit haltbar ist, schließlich ist es Naturprodukt und soll auch so schmecken. Selbst der Schaum der Sitter-Biere zeichnet sich durch einen feinen Eigengeschmack aus.

Die vier Sorten „Sitter Bräu Schwarze", „Sitter Bräu Blonde", „Sitter Bräu Pils" und

NEUREICHENAU

Biergulasch

Zutaten

800 g Rindergulasch
800 g Zwiebeln
Öl
1 EL Tomatenmark
etwas Mehl
Salz, Pfeffer
Majoran
dunkles Bier, etwa
Sitter Bräu Schwarze

Zubereitung

Das Fleisch in große Würfel schneiden. Die Zwiebeln schälen und fein würfeln. Öl erhitzen und das Fleisch darin rundum anbraten. Die Zwiebelwürfel und das Tomatenmark zugeben und kurz mitrösten. Das Ganze mit Mehl bestäuben und mit Salz und Pfeffer würzen. Das Fleisch im eigenen Saft dünsten lassen, eventuell mit etwas Brühe aufgießen und ca. 1 1/2 Std. köcheln lassen. Nach Ende der Koch-

„Sitter Bräu Dunkle Weizen" kommen vor allem direkt am Sudkessel zum Ausschank, wo man gemütlich am Tresen sitzen kann. Wer sich für Bier als Kultur- und Werbeobjekt interessiert, der kann nach Anmeldung das hauseigene Brauerei-Kultur-Museum einen Stock höher besichtigen. Familie Sitter betreibt seit 20 Jahren eine Rinderzucht mit Tieren der Rassen Galloway und Hereford, die das ganze Jahr über unter freiem Himmel leben. Die Milch der Mutterkühe ist ausschließlich den Kälbern vorbehalten, Milchaustauscher und Kraftfutter sind hier Fremdwörter. Das Fleisch kommt unter dem Siegel Bayerwald Premium im eigenen, gut sortierten Hofladen zum Verkauf und dient Frau Sitter in der Küche als feinste Zutat für ihre bodenständigen Gerichte. Hier gibt es keine „Erlebnisgastronomie", sondern ehrliche, gesunde Kost. Zum Übernachten bietet sich das Haupthaus mit seinen gemütlichen, komfortabel eingerichteten Appartments oder die angrenzende Pension mit Mehrbettzimmern an.
Im Winter laden Langlaufloipen, gewalzte Wege, die Dreisesselabfahrt mit dem längsten Schlepplift des Bayerischen Wald sowie der in nur fünf Kilometer mit dem Auto erreichbare Sessellift am Hochficht zum Skivergnügen vorm Haus ein. In der warmen Jahreszeit kann man grenzenlos Motorad fahren, Wandern, Rad fahren, Reiten, Golfen sowie im nahegelegenen Naturbadesee Schwimmen und Angeln.

zeit mit Majoran und einem Schuss Bier abschmecken.
Als Beilage eignen sich Spätzle, Kartoffeln oder auch Serviettenknödel und Salat.

BRAUEREI-KULTUR-MUSEUM GUT RIEDELSBACH

Ein Museum der besonderen Art zum Thema Bier befindet sich in Gut Riedelsbach: das Brauerei-Kultur-Museum. Es zeigt keine Geräte, es erklärt nicht, wie Bier gebraut wird und es vermittelt auch kein Wissen über die vielen Sorten Bier, die es weltweit gibt. Im Gegenteil, es zeigt die kleinen und großen Dinge welche im Laufe der Zeit das Thema Bier im Alltag begleitet haben und einen Bezug zur Brauerei hatten. Bier ist Kultur, und Kultur lässt sich vermarkten.

Ab 1880 entstand eine Gebrauchs- und Werbekultur rund ums Bier, die ihren ersten Höhepunkt vor dem 1. Weltkrieg erreichte. Vorausblickende Brauer versahen Flaschen, Tonkrüge und Gläser mit dem eigenen Namen, um ihr Eigentum kenntlich zu machen und sich von der Konkurrenz optisch abzugrenzen. Mit ausgefallenen Ideen, raffinierten Schriftzügen, kuriosen Bildern, Werbeschildern aus verschiedenen Materialien und dem einen oder anderen gewagten „Werbegag" – wie man heute zu sagen pflegt – warben sie um die Aufmerksamkeit ihrer Kunden.

Vieles davon ist schnell wieder vom Markt verschwunden wie etwa die emaillierten Porzellanköpfe der Flaschen oder die gummierten Werbemarken, die bis in die Mitte der 1920er Jahre begehrte Sammelobjekte

waren. Oft waren es finanzielle Gründe, warum sich eine Idee nicht durchsetzen konnte.

Die Kultur rund ums Bier bis etwa 1970 bleibt in dem Brauerei-Kultur-Museum nun auch für spätere Generationen erhalten. Der Grundstock der Ausstellung stammt von einem Freund der Familie Sitter, Jürgen Volkmann, der vor 35 Jahren begann, die Objekte systematisch zu sammeln.

Kernstück des Museums sind knapp 3000 salzglasierte Steinkrüge mit den Schriftzügen der verschiedenen Brauereien.

Nach vorheriger Anmeldung (Einzelpersonen mittwochs um 17.00 Uhr, Gruppen jederzeit) kann man der informativen Führung beiwohnen, das Sitter-Bier probieren und anschließend ein Surhaxenessen genießen.

Herr Sitter macht in seinem Rundgang durchs Museum auf die einzelnen Objekte aufmerkam – hinsehen und die feinen Unterschiede und Kuriositäten erfassen, muss jeder selbst.

Brauerei-Kultur-Museum

Gut Riedelsbach
94089 Neureichenau

Telefon 0 85 83 / 96 04 -0

BÄCKEREI PILGER

Bäckerei Pilger

Passauer Straße 5
94139 Breitenberg

Telefon 0 85 84/9 11 33
Telefax 0 85 84/9 11 34

Brot und Bier haben mehr gemeinsam, als man auf den ersten Blick vermutet. Brot und Bier gehören zu den ältesten, von Menschen zubereiteten Nahrungs- und Genussmitteln. Beide werden aus Getreide, Wasser und Hefe hergestellt und durchlaufen eine Gärung. Bereits in der Antike stellten die Sumerer fest, dass in Wasser eingeweichtes Brot zu gären anfängt und ein bierähnliches Getränk hervorbringt.

Im Mittelalter galten Bäcker als Gärungsspezialisten, die auch gutes Bier brauen konnten, denn in ihren warmen Backstuben schwirrten die damals noch unbekannten Hefen herum und verhalfen den Biersuden zum guten Gelingen. Backtag und Brautag fanden hintereinander an der selben Feuerstelle statt. Auch Frauen wurde ein „gutes Händchen" bei der Bierherstellung zugesagt, befanden sich doch nach dem Brotbacken oft noch Hefespuren an ihren Händen. Verdarben allerdings zu viele wilde Hefen den Sud, entstand ungenießbares Bier und es waren „Hopfen und Malz verloren". Lange wusste man nicht wie Hefe wirkt. Das Reinheitsgebot von 1516 bezeichnet sie nur als „Produkt der Bierbereitung", da man schon ihre Bedeutung erkannt hatte. Erst 1876 entdeckte Louis Pasteur Hefezellen unter dem Mikroskop und stellte die These auf, diese seien für die Gärung des Bieres verantwortlich.

Bier und Brot haben nicht nur gemeinsame Wurzeln, sie ergänzen sich auch im kulinarischen Bereich. In Breitenberg, im südlichen Bayerischen Wald, bäckt Manfred Pilger in

BREITENBERG

Nach seiner Ausbildung und einigen Jahren Tätigkeit in renommierten Bäckereien hat sich Bäckermeister Manfred Pilger 1987 mit einem kleinen Laden in Breitenberg selbständig gemacht, 1989 legte er erfolgreich die Meisterprüfung ab und begann 1990 mit dem Neubau der jetzigen modernen Bäckerei mit Verkaufsladen. Schon 1992 wurde bereits angebaut und die Backstube vergrößert.

Im Hause Pilger stehen Qualität und Frische an oberster Stelle, denn Sauberkeit und Hygiene in den Backstuben, Verkaufs- und Lagerräume sind die Voraussetzungen für eine hochwertige Produktion. Die Konditorei in der Filiale in Jandelsbrunn produziert die Kuchen, Torten und das Kleingebäck für alle Filialen – und auf Bestellung auch herrliche Festtags- und außergewöhnliche Hochzeitstorten.

Im Stammhaus in Breitenberg werden täglich viele Sorten Brot und Semmeln gebacken, etwa aus Natursauerteig das „Neuweltler Uralaib" und das „Breitenberger Bauernbrot". Das „Neuweltler Uralaib" ist ein Brot wie es früher gebacken wurde, aus natürlichen Zutaten, ohne Hefe, handwerklich hergestellt und lange gebacken. Darüber hinaus gibt es noch u. a. das aromatische „Dinkel-Malzbrot", das „Skispringerbrot" und das „Landbrot". Weitere Filialen der Bäckerei Pilger befinden sich in Wegscheid, Lackenhäuser und Freyung. Zudem sind vier rollende Filialen unterwegs, die in entlegene Orte und bis über die Grenze nach Österreich fahren.

Als besonderen Service für ihre Stammkunden, Gasthäuser und Pensionen bietet die Bäckerei einen Frühstückssemmel-Service im Umkreis von 20 km an.

seiner Bäckerei ein Biertreberbrot mit Treber und Bier vom Sitter Bräu in Neureichenau. Der bei der Bierherstellung im Läuterbottich von der flüssigen Maische abgetrennte feste Treber ist sehr nährstoffreich und aromatisch und dient meist als eiweißreiches Viehfutter. Familie Sitter dagegen schleust ihren Treber wieder in den Kreislauf der menschlichen Ernährung ein, indem sie daraus in der Bäckerei Pilger das saftige Biertreberbrot für ihren Gasthof backen lässt. Das Biertreberbrot enthält 10 Prozent Bier und 10 Prozent Treber, wobei der Alkohol beim Backvorgang verdampft und ein außergewöhnlich guter Geschmack zurückbleibt. Biertreber geben die enthaltene Flüssigkeit nach und nach an das Brot ab. So bleibt das Brot lange frisch und saftig. Das Biertreberbrot wird auch in den Filialen der Pilger Bäckerei verkauft und ist ein beliebtes Mitbringsel von Urlaubern, die in Gut Riedelsbach übernachtet haben.

BAYERISCHER WALD –

BRAUCHTUM UND TRADITION

Bayerischer Wald – Brauchtum und Tradition

Vom breiten Donautal in Richtung Böhmen verändert sich die Landschaft nach und nach. Berge erheben sich und lassen Raum für Wald und Wiesen. Granit und Gneis bilden mächtige Felsformationen und geben dem größten Waldgebiet Mitteleuropas eine stabile Unterlage. Wildromantisch präsentiert sich hier die Gegend, ruhig und bezaubernd. Die Grenzen zwischen dem Bayerischen Wald, dem Böhmerwald und Oberösterreich scheinen zu verschwinden. Die wechselvolle Geschichte der Region hat hier ihre Bewohner, die „Waldler", geprägt. Bräuche werden erhalten, Traditionen gepflegt. Noch heute feiert man an jedem ersten Samstag im August das historische Salzsäumerfest in Grafenau. Es erinnert an die Säumer im Mittelalter, die Handel mit Salz betrieben. Über die „Goldenen Steige" brachten sie einst dieses „weiße Gold" aus dem Salzkammergut nach Böhmen und nahmen als Rückfracht u. a. Getreide und Hopfen mit. Heute sind die Goldenen Steige gut markierte Wanderwege. Viele Bräuche der christlichen Bevölkerung sind im Alltag verwurzelt und beziehen die damals als unentbehrliche Arbeitshelfer geschätzten Pferde mit ein. In Furth im Wald präsentiert sich am Ostermontag der Leonhardi-Ritt. Über 350 Pferde folgen dem Kreuz und den Standartenträgern, gemäß einem Gelöbnis von 1750, als eine verheerende Viehseuche die Gegend heimsuchte und man versprach, eine Kapelle zu errichten und diese jährlich zu umreiten.

Besonders farbenfroh ist der Kötztinger Pfingstritt. Er geht auf das Jahr 1412 zurück und zählt zu den größten berittenen Bittprozessionen Mitteleuropas. Der Pfarrer war zu einem im Sterben liegenden Mann ins sieben Kilometer entfernte Dorf Steinbühl gerufen worden, sah sich aber zu unsicherer Zeit außerstande, ohne Schutz dorthin zu gelangen. Einige Kötztinger Burschen gaben ihm das Geleit. Nach der Rückkehr wurde gelobt, den Ritt jedes Jahr am Pfingstmontag zu wiederholen. Mehr als 900 Reiter nehmen in historischen Trachten am Ritt teil, der seit 2004 auf Verkündung des Regensburger Bischofs wieder als eucharistische Prozession gilt. Im Unterschied zu anderen Pferde-Wallfahrten handelt es sich beim Kötztinger Pfingstritt um eine reine

Kötztinger Pfingstritt

Kötztinger Pfingstritt

Männerwallfahrt zu Pferd, an der weder Frauen noch Kutschen teilnehmen.
Die Zuchtgemeinschaft der Kaltblut- und Haflingerpferde richtet jährlich am letzten Sonntag im August den Kötztinger Rosstag aus. Im Mittelpunkt steht ein großer Festzug unter dem Motto „Landwirtschaft und Handwerk von damals". Auf zahlreichen Wagen werden alte Handwerksberufe wie Brauer, Zimmerer, Schmied, Sattler, Schreiner, Kirmzäuner und Holzschuhmacher dargestellt sowie landwirtschaftliche Geräte gezeigt.
Mittelalterliche Burgen, versteckte Waldbühnen und historische Stadtkerne bilden unvergleichliche Kulissen für spektakuläre Freilichtspiele. Das Talent und die große Begeisterung zum Theaterspielen unzähliger Laiendarsteller kommt auch bei den beliebten Volkstheater-Aufführungen zum Ausdruck. Wenn Drachen Feuer speien, Kobolde freche Streiche spielen und kleine Hexen ihren Schabernack treiben, ist Sommer im Bayerischen Wald. Es ist die Zeit der Festspiele, die Zeit, in der Geschichte und Sagen wieder aufleben. Gäste von nah und fern schätzen die erlebnisreichen Wochen im Bayerischen Wald. In Waldmünchen erwacht unter nächtlichem Himmel das Jahr 1742 wenn der berüchtigte Pandurenführer Franz von der Trenck auftritt. Wildheit, Verwegenheit, Treue zur Kaiserin Maria Theresia und der vergebliche Kampf gegen seine Neider jagen manchem Zuschauer einen Schauer über den Rücken. Furth im Wald ist Kulisse für den „Drachenstich", Deutschlands ältestes Volksschauspiel. In jüngster Zeit ergänzen Gastkonzerte international bekannter Musiker das umfangreiche Kulturprogramm des Festspielsommers.

Sobald im Herbst der Frühnebel aus den Tälern aufsteigt, wird die Stimmung besinnlicher. Wenn dann über Nacht Rauhreif entsteht, neuer Schnee das Land überdeckt und sich das Jahr dem Ende neigt, ist es an der Zeit, die stimmungsvollen Weihnachtsmärkte der Region zu besuchen. Hier ist alles noch klein und authentisch. Schließlich stammen viele der zum Kauf angebotenen, filigranen Kunstwerke – etwa die bunten und fragilen Glaskugeln aus den Traditionsbetrieben entlang der Glasstraße – aus dem Bayerischen Wald.

»Gläserne Scheune«

Totenbretter

Drachenstich

PICHELSTEINER FEST

Pichelsteiner Fest
Tourist-Information Regen

Schulgasse 2
94209 Regen

Telefon 0 99 21/29 29
Telefax 0 99 21/6 04 33

Der Legende nach, zogen einst in der Stadt Regen an einem Montag nach dem Kirchweihfest zwei hungrige Landstreicher übers Land und klauten beim Pichel-Bauer Kartoffeln vom Feld. Sie steckten sie in einen Sack und gingen in die Stadt. Da trafen sie den Dorfpolizisten, der geflissentlich fragte, was sie dort im Sack hätten. „Lediglich Steine, die wir beim Pichel-Bauer vom Feld geklaubt haben", antworteten die Landstreicher.

Der gutgläubige Dorfpolizist liess sie ihres Weges ziehen und so geschah es, dass die Landstreicher beim Hofwirt einkehrten und der Wirtin Therese Winkler mitteilten, sie hätten Hunger aber kein Geld. Da nahm die Wirtin die Kartoffeln und bereitete daraus mit etwas Gemüse und drei Sorten Fleisch einen Eintopf zu, dessen Duft alsbald in die Gaststube übertrat. Davon bekamen ein paar Stammtischler Appetit und baten darum, die köstliche Speise probieren zu dürfen. Nach dem Namen des Eintopfes gefragt, sagte die Wirtin, sie habe ihn aus den „Steinen des Pichels" gekocht. So kam der Pichelsteiner Eintopf zu seinem Namen.

Die begeisterten Männer vereinbarten in ihrer Bierlaune, jedes Jahr am Montag nach Kirchweih, am „Kirtamontag", den Eintopf zu kochen und zu verzehren.

Diese Vereinbarung wurde im Jahr 1874 getroffen und gilt als Geburtsstunde des Pichelsteiner Festes. Ein in Leder gebundenes, vom Wirt Anton Winkler gestiftetes „Grundbuch für die Gesellschaft Büchelsteiner in Regen" mit der Chronik der folgenden Jahre zeugt davon.

Bald durften auch die Frauen mitfeiern und später folgten viele Ideen, wie man den Pichelsteiner Eintopf gebührend feiern könnte. So hat sich das Pichelsteiner Fest im Laufe der Zeit zum größten Heimatfest im Bayerischen Wald entwickelt. Die Bürger selbst organisieren ihr Fest in der Stadt und haben eigens dafür ein Pichelsteiner-Komitee ins Leben gerufen.

In der Gegenwart dauern die Feierlichkeiten sechs Tage. Sie beginnen am Freitag mit dem Ausmarsch der Pichelsteiner und des Festkochs. In seinem Gefolge kommen die Kellnerinnen des Festbräus, die Mitglieder des Schützenvereins sowie ein großer Bier-

REGEN

wagen der ortsansässigen Privatbrauerei J. B. Falter, gezogen von Brauereipferden. Mit dem Festbieranstich in der Pichelsteiner-Festhalle beginnt der Festbetrieb und die Menschen strömen auf den Festplatz, wo verschiedene Fahrgeschäfte für Vergnügen sorgen.
Jeden Abend, mit Einsetzen der Dunkelheit, verzaubern dann die Wasserspiele am Regenfluss mit ihren bunten Lichtern die Uferpromenade und verleihen der Stadt eine festliche Stimmung.
Am Samstagabend findet die große Gondelfahrt auf dem Fluss statt, die sich zu einem zweiten Festzug entwickelt hat. Jedes Jahr gestalten die Gondler ihre Boote nach einem anderen Motto, die dann sowohl mit Fackeln als auch mit Scheinwerfern angestrahlt werden.
Sonntags findet nach dem Gottesdienst und einem Konzert der große Festzug statt. Er kann bis zu drei Kilometer lang sein, führt zahlreiche Musikgruppen mit sich und zieht unzählige Schaulustige an.
Am Montag wird, dem Gründungsgedanken des Festes zufolge, traditionell der Pichelsteiner Eintopf ausgegeben, und zwar in der Festhalle, im Faltersaal und in der Bayerwaldhalle, nachdem der Festkoch mit seinem Gefolge feierlich dahin ausgezogen ist. Auch hier sorgen musikalische Darbietungen für Unterhaltung und Stimmung.
Nach dem Tag der Landwirtschaft am Dienstag und dem Tag der Senioren am Mittwoch endet das Heimatfest am Mittwochabend mit einem grandiosen Feuerwerk.

Recept deß Pichelsteinermahles de anno 1874

Nimm dreierley Fleisch
vom Schwein, Rind und Kalb,
dazu Erdäpfel, gelbe Rüben,
Petersiell, Zwiebel und Porri.
Schneidt kleine Stück'l davon,
thu alles in ein Castroll,
Salz und Pfeffer
nebst allerley Gewürz –
langsam dämpfen,
ein bissel Brüh' nachgissen.
So es marb ist
ergiebt dieß eine kräftige
gar köstlich schmeckende Speiß.

ERSTE DAMPFBIERBRAUEREI ZWIESEL

Kaum ein Bier spiegelt die Tradition der Braukunst im Bayerischen Wald so sehr wider wie das Dampfbier aus der 1. Dampfbierbrauerei in Zwiesel. 1889, in einer Zeit wo es kaum Hopfen und Weizen in der Region gab, wo obergäriges Weizenbier aus Weizenmalz oder untergäriges Pilsner bzw. Helles aus Gerstenmalz im Bayerischen Wald keine Bedeutung hatten, erfand Wolfgang Pfeffer ein obergäriges Bier aus leicht dunklem Gerstenmalz, für dessen Herstellung er nur wenig von dem teuren Hopfen brauchte.

In offenen, hölzernen Bottichen gärte das Bier bei 18 bis 20 °C sehr schnell. Wegen der heftigen Kohlensäureentwicklung entstanden an der „Decke", dem Schaum über der Flüssigkeit, große Gasblasen. Weil diese von Zeit zu Zeit zerplatzten, entstand der Eindruck, das Bier würde dampfen. Der Name „Dampfbier" war geboren. Um das Bier in den großen hölzernen Lagerfässern kühl lagern und in Ruhe reifen lassen zu können, wurden Räume in den Felsen am Berg getrieben, die als Bierkeller dienten. Ihre Entlüftungsschächte sind über 10 Meter durch Erdreich und Felsen gehauen und mit einer Trockenmauer gesichert worden.

Fast wäre das Dampfbier in Vergessenheit geraten, hätte sich nicht 1989 – zum 100-jährigen Jubiläum des Pfefferbräus – Dr. Dieter Pfeffer an das alte Rezept seines Urgroßvaters erinnert und das Dampfbier wieder originalgetreu eingebraut. Es reift seitdem wie früher in den alten, tiefen Felskellern. Das Dampfbier ist mild, hat einen leicht obergärigen Geschmack und schimmert bernsteinfarben im Glas.

Ein Ausflug nach Zwiesel zur 1. Dampfbierbrauerei vermittelt auf eindrucksvolle Weise, wie das süffige Bier gebraut wird. Da Tradition ein wichtiges Gut ist, hat die Brauerei eine lebendige Erlebnisbrauerei geschaffen, der ein Dampfbiermuseum angegliedert ist. Hier gewinnt man auf unterhaltsame Weise Einblicke in den gesamten Brauereibetrieb, sieht historische Maschinen auf

1. Dampfbierbrauerei Zwiesel

Regener Straße 9
94227 Zwiesel

Telefon 0 99 22/84 66 -0
Telefax 0 99 22/84 66 -55

ZWIESEL

der einen, modernste Brautechnik auf der anderen Seite.

Interessierte können, auch unabhängig von organisierten Führungen (Mo., Di., Do., Fr.:13-16 Uhr, Sa. 13-15 Uhr), den laufenden Betrieb erkunden. Zu besichtigen sind auch historische Gerätschaften, wie eine gewaltige Malzsortiermaschine, oder eine Eismaschine aus dem Jahr 1904, eine Kältemaschine von Linde aus dem Jahre 1912 und eine alte Flaschenfüllerei aus der Zeit um 1932, um nur einige zu nennen. Abschließend hat jeder Besucher die Möglichkeit mit einer historischen Etikettiermaschine selbst Flaschen zu bedrucken. Der Höhepunkt dieses Rundganges ist ein Umtrunk im „Schalander", der Brauerstube, die nach alten Plänen originalgetreu wieder aufgebaut wurde. Hier finden Bierproben statt und es werden Geschenkartikel verkauft. Jeden Freitag nach Voranmeldung finden Brauereiführungen statt, die mit einer Brotzeit und einer Prüfung zur Erlangung des Dampfbierdiploms enden.

Wer lieber nur ein kühles Bier im Freien trinkt, der wird sich in dem lauschigen Biergarten wohlfühlen, der sich über den alten Felsenkellern befindet und von riesigen Eichenfässern, einem kleinen Hopfengarten und einen Gerstenfeld umrandet ist. Gut essen und in gemütlicher Atmosphäre sitzen kann man in dem gegenüberliegenden Bräustüberl.

Die Brauerei ist seit der Gründung in Familienbesitz und wird heute von Mark Pfeffer in der 5. Generation geleitet. Das alte Brauhandwerk wird von ihm weiter gepflegt, getreu dem deutschen Reinheitsgebot von 1516.

Das aktuelle Sortiment der Brauerei umfasst neben dem „Original Dampfbier" die Sorten „Dampfbräu Pils", „Vollbier Hell", „Fahnenschwinger Export", „Hefe Weissbier", „Dunkles Weißbier", „Wolfgang Weisse" sowie „Nationalpark-Pils", wobei das Dampfbier zur Visitenkarte der Brauerei geworden ist.

Selbstverständlich ist die Brauerei modern ausgestattet und entspricht den Anforderungen der Zeit, doch die Biere enthalten dank besonderer Filteranlagen ohne künstliche Hilfsmittel alle wichtigen Zutaten, die ein handwerkliches Bier auszeichnen.

DER KOCHENDE BÜRGERMEISTER

Der Kochende Bürgermeister
Thomas Müller

Anton-Pech-Weg 2
94252 Bayerisch Eisenstein

Telefon 0 99 25/94 03 14
Telefax 0 99 25/6 56

Die Gemeinde Bayerisch Eisenstein kann sich glücklich schätzen, einen Bürgermeister mit unkonventionellen Ideen zu haben. Thomas Müller, der mit 29 Jahren als jüngster Bürgermeister Niederbayerns gewählt wurde, weiß, wie er die gebeutelte Kasse seiner Gemeinde aufbessern kann.
Als passionierter Hobbykoch hatte er in der Vergangenheit nur Freunde und Bekannte mit seinen Schmankerln beglückt. Vor wenigen Jahren kam ihm die Idee, drei bis viermal im Jahr bekannte Persönlichkeiten aus Kultur, Politik und Wirtschaft zu Tisch zu bitten, sie mit einem mehrgängigen Überraschungsmenü zu verköstigen und sich anschließend über eine Spende für die Gemeindekasse zu freuen. Der Erlös ist jedesmal zweckbestimmt und kommt etwa einem Kindergarten, der Feuerwehr oder einem der örtlichen Vereine zugute. Passend zum Motto seiner Einladungen steht jeweils ein Prominenter mit am Kochtopf, der mit seiner Präsenz die Aufmerksamkeit der Medien auf die Veranstaltung lenkt.
Mit seinen Events „Der Bürgermeister kocht für seine Gemeinde" verfolgt Thomas Müller gleich mehrere Ideen. Er möchte die heimische Küche mit ihren Spezialitäten in den Vordergrund stellen sowie das Bewusstsein für die regionalen Produkte wecken und dadurch Arbeitsplätze erhalten. Außerdem will er den Blick der Öffentlichkeit auf die

BAYERISCH EISENSTEIN

Eisensteiner Schweinebraten vom Schwäbisch Häll'schen Landschwein mit Dampfbiersauce

Zutaten

1/2 kg Schweinefleisch von der Schulter (mit Schwarte)
1/2 kg gut durchwachsenes Wammerl (mit Schwarte)
Salz, Pfeffer
2 Knoblauchzehen, durchgepresst
1 mittelgroße Zwiebel, gewürfelt
1 TL Kümmel
ca. 1/4 l Brühe
ca. 1/4 l Dampfbier

Zubereitung

Am Vorabend beide Schwarten rautenförmig einschneiden. Das Fleisch mit Salz, Pfeffer und Knoblauch einreiben, mit der Schwarte nach unten in eine Bratreine legen und mit Zwiebel und Kümmel bestreuen. Zugedeckt kühl stellen.

Backrohr auf 250 °C vorheizen. Das Fleisch mit einem Glas Wasser begießen und in das Rohr schieben. Nach ca. 35 Min. das Fleisch umdrehen und mit Brühe aufgießen. Die Temperatur auf 220 °C reduzieren. Nach weiteren 20 Min. mit etwas Bier aufgießen und das Fleisch mit der Bratflüssigkeit einpinseln. Den Braten mit dem restlichen Bier und der Brühe alle 10 bis 15 Min. immer wieder aufgießen und einstreichen, damit er saftig bleibt. Die Schwarte darf nicht mehr nass werden, damit sie knusprig wird.

Nach gut 2 Stunden den Braten herausnehmen und warm stellen.

Für die Sauce die Bratflüssigkeit in einen Topf gießen, die Bratreine mit einem Schöpfer Knödelwasser (oder heißem Wasser) „ausspülen", mit dem Pinsel den Bratrand ablösen und zur Sauce in den Topf geben.

---

verschiedenen Gasthäuser seiner Gemeinde lenken, um die Gastronomie vor Ort zu stärken.

Der Kochende Bürgermeister sammelt nicht nur Geld für die Vereine, sondern gibt auch ein Zeichen für ehrenamtliches Engagement, um das „Wir-Gefühl" innerhalb der Bevölkerung zu stärken. Ebenso ist es sein Bestreben, Bayerisch Eisenstein und die ganze Region als naturnahes Urlaubsgebiet bekannt zu machen.

Der Große Arber, der mit seinen 1456 Metern auch als „König des Bayerischen Waldes" bezeichnet wird, befindet sich auf dem Gebiet der Gemeinde. Als wahres Sportparadies lockt er im Sommer viele Wanderer, Mountainbiker und im Winter – dank seiner Schneesicherheit – auch viele Skifahrer, Snowboarder und Rodler an. Das Gasthaus „Zur Gondelbahn" an der Bergstation des Großen Arbers ist eines der Lokale, die der Bürgermeister gerne für seine Kochaktionen auswählt.

Bei seinem Anliegen, die Zutaten aus der Region zu verwenden, kann der Bürgermeister auf die Unterstützung der Firmen zählen, die das Gütesiegel Bayerwald-Premium für ihre Produkte erhalten haben. Zu den Sponsoren zählt zum Beispiel die Erste Dampfbierbrauerei in Zwiesel, deren Dampfbier der Kochende Bürgermeister für die Sauce des hier vorgestellten Rezept eines Schweinebratens verwendet.

Die Schwäbisch Häll'schen Landschweine stammen übrigens von einer Weide in Bayerisch Eisenstein.

TIERMUSEUM PFEIFER

Tiermuseum Pfeifer

Arberseestraße 2
94252 Regenhütte

Telefon 0 99 25 / 90 33 09
Telefax 0 99 25 / 90 33 08

Ein beliebtes Ausflugsziel für Familien im Bayerischen Wald ist das Tiermuseum in Regenhütte, einem kleinen Ort nahe der Bundesstraße 11 zwischen Bayerisch Eisenstein und Zwiesel. Regenhütte liegt an dem schönen Wanderweg „Gläserner Steig", der durch die herrliche Mittelgebirgslandschaft vom Lamer Winkel über das Arbergebiet in das Tal des Regenflusses, entlang des Nationalparks bis nach Grafenau führt.

Das Tiermuseum befindet sich im Besitz der Familie Pfeifer. Mit seiner Sammlung von über 5000 Exponaten auf einer Fläche von 1500 qm zählt es zu den größten Museen dieser Art in Europa. Von der Maus bis zum Elefanten sind hier präparierte Tiere aus aller Welt zu sehen: Reh, Fuchs, Hirsch, Bär, Giraffe, Löwe, Zebra, Affe, Strauß, Känguru, Riesenschildkröte, Schlange, Vogel, Schmetterling und viele mehr. Das Tiermuseum beruht auf einer privaten Sammlung, die einst der Großvater erwarb. Herbert Pfeifer sen. erweitert sie seit über 20 Jahren, indem er den Kontakt zu Zoos pflegt und gegen eine kleine Spende an Altersschwäche oder durch Krankheit verstorbene Tiere abnimmt und professionell präparieren lässt. Es handelt sich also hier nicht um einen Streichelzoo, sondern um ein Museum, in dem man die Tiere in Ruhe betrachten und kleine Vergleichsstudien in Bezug auf Größe, Farbe, Maserung und viele andere Merkmale anstellen kann.

Eine besondere Attraktion ist der Gipsabdruck eines männlichen Mammutbabys. Experten schätzen, dass das Tier bei seiner Verendung vor 40 000 Jahren etwa sieben bis acht Monate alt gewesen sein muss. Das Original befindet sich in seiner Heimat Sibirien, darüber hinaus gibt es nur noch einen weiteren Gipsabdruck in Amerika.

Nach dem Rundgang durch das Museum lässt sich der Besuch im hauseigenen Café-Restaurant abschließen. Am Herd bereitet Herbert Pfeifer jun. täglich frische bodenständige Gaumenfreuden zu und bietet ab 11.30 Uhr durchgehend warme Küche an. Neben der täglich wechselnden Tageskarte gibt es zusätzlich von montags bis samstags

REGENHÜTTE

Budweiser Bierfleisch mit Wildreis

Zutaten für 1 Person

3 Stck. Schweinefilet (ca. 80 g)
Salz, Pfeffer
1 EL Öl
1 kleine Zwiebel, gehackt
80 g Champignons
80 g grüne Bohnen
60 ml Rinderbrühe
100 ml Sahne
60 ml helles Bier (z. B. Budweiser)
Rosmarin, Thymian, Oregano

jeweils ein anderes Speisenerlebnis zu moderaten Preisen: Schnitzel, Braten, Forellen, Kotelett, Fisch bzw. Ripperl- und Schweinshaxenessen. Zur Kaffeezeit munden die feinen, selbstgebackenen Kuchen und Torten von Miriam Pfeifer.

Nur 2 km von Regenhütte entfernt, in sehr ruhiger Lage unmittelbar am Waldrand, befindet sich das familieneigene Waldhotel Seebachschleife. Seit seiner Eröffnung 1984 kümmern sich hier Herr Pfeiffer sen. und seine Frau um das Wohl der Gäste. Hier kann man in urgemütlichen Gasträumen wohnen und sich in der hauseigenen Wellness-Oase mit Hallenbad und Sauna nach einem erlebnisreichen Tag entspannen.

Zubereitung

Das Schweinefilet von Haut und Fasern befreien und mit der flachen Hand etwas andrücken. Das Filet von beiden Seiten mit Salz und Pfeffer würzen.
Öl erhitzen und das Fleisch darin von einer Seite kurz anbraten. Das Filet wenden und Zwiebel, Champignons und Bohnen zugeben.
Zugedeckt etwa 5 bis 8 Min. dünsten lassen. Mit der Rinderbrühe ablöschen und die Sahne zugeben. Das Ganze so lange weiterköcheln lassen, bis sich die Sauce um ca. die Hälfte reduziert hat. Mit dem Bier abschmecken. Die Kräuter beim Anrichten auf das Fleisch geben.
Mit Wildreis servieren.

JOSKA CRYSTAL

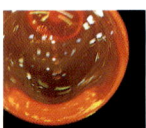

Joska Crystal GmbH & Co.KG

Am Moosbach 1
94249 Bodenmais

Telefon 0 99 24/77 90
Telefax 0 99 24/17 96

Jedes gepflegte Bier will in einem passenden Trinkglas zum Mund geführt werden: Starkbier in einem weiten Seidel, Pils in einer hohen „Tulpe", Weizenbier in einem typisch geschwungenen Glas, und Helles oder Export sowohl im schlichten Becherglas als auch im klassischen Glaskrug. Joska Crystal hat alle Gläser im Programm, von edel-schlicht bis mundgeblasen und handgeschliffen mit echten, handgegossenen Zinndeckeln.

Glas entsteht, wenn eine Mischung aus Quarzsand, Kalk und Soda bei ca. 1500 °C im Schmelzofen erhitzt und wieder abgekühlt wird. Beim langsamen Abkühlen bleibt die Masse über längere Zeit zähflüssig, bevor sie erstarrt, ohne eine kristalline Struktur auszubilden. Dank dieser Zähflüssigkeit lässt sich Glas gießen, ziehen, walzen, biegen und blasen.

Während die automatische Hohlglasfertigung die Herstellung großer Stückzahlen sicherstellt, ermöglicht die traditionelle Art der Mundblasfertigung die Schaffung von Unikaten. Dabei verleiht der Glasmacher mit einem etwa 1,5 m langen Eisenrohr der Schmelzmasse durch Drehen, Blasen und Schwenken Gestalt.

Im Bayerischen Wald hat sich schon früh das Glas-Handwerk etabliert. Die Germanen kannten nur Bernstein, ein fossiles Harz, das sie „glasa", das Glänzende oder Schimmernde, nannten. Erst durch die Römer lernten sie Glas in Form von Schmuck und Glasperlen kennen. Die Glasmacher ließen sich im Bayerischen Wald nieder, weil sie hier Quarz und genügend Holz vorfanden, um es als Brennholz für ihre Glasschmelze zu nutzen.

Im 15. Jahrhundert waren die in Paternosterhütten (vom lateinischen „Pater noster") gefertigten bunten Rosenkranzperlen, die „Patterln", neben Glasknöpfen und Butzenscheiben für Fenster, die ersten Produkte der Glasfertigung. Bald folgten Gebrauchs- und Ziergläser. Etwa 1870 kamen Flaschen auf, die in Brauereien zum Abfüllen von Bier dienten.

In den waldreichen Bergen von Bodenmais, am Südhang des Großen Arbers, arbeiten seit Generationen ganze Familien an der Herstellung und Veredelung von Glas. Der

BODENMAIS

Name Kagerbauer ist bereits im 18. Jahrhundert als Besitzername einer Glashütte urkundlich erwähnt. Josef Kagerbauer sen. gründete 1960 eine kleine Bleikristallschleiferei und baute sie zur „Joska Waldglashütte" aus. Später rief er die Joska Kristallwelt am Ortsrand von Bodenmais ins Leben. Für diese unternehmerische Leistung bekam die Firma Joska zweimal das Bundesverdienstkreuz sowie einmal die Bayerische Staatsmedaillie verliehen.

Josef Kagerbauer jun. leitet die Joska Kristallwelt. Dies ist eine besondere Erlebniswelt, denn Glas ist mehr als ein bloßer Gebrauchsgegenstand. Glas ist auch Kunst und Fantasie – wie der Brunnen aus Weißbiergläsern beweist – und Prestigeobjekt. So erhalten die Sieger hochkarätiger Sport- und Kulturevents, von der Formel 1 bis zum Skiweltcup, handgefertigte Trophäen von Joska Crystal in vollendeter Perfektion; aus feinstem Kristall oder Bleikristall, mit Edelsteinen, auf Marmorsockeln und mit Standplaketten.

In der Joska Kristallwelt lässt sich hautnah und mit allen Sinnen die Faszination des Werkstoffes Glas miterleben, während die Glasbläser, Glasmaler, Schleifer und Graveure arbeiten. Kinder werden hier mit viel Spannung, Spaß und Information für eine seit Generationen gepflegte Glastradition begeistert. Dabei darf auch jeder selbst Hand anlegen, denn nur Zuschauen ist ja langweilig. Zudem können sich die Kleinen als Schatzsucher betätigen oder den Abenteuer-Spielpark erkunden. Joska Crystal ist für dieses Engagement 2004 mit dem Bayerischen Innovationspreis für Tourismusangebote im Bereich Familienurlaub ausgezeichnet worden und wird zudem von der Bayern-Tourismus-Marketinggesellschaft als Kinderland-Partner empfohlen.

Wenn nach so viel Spaß und Abenteuer der Magen knurrt, schafft das architektonisch beeindruckende Kristallrestaurant kulinarische Abhilfe. Hier wird selbst das Essen zum Erlebnis. Das Flanieren entlang der vielen Marktstände lässt einem das Wasser im Mund zusammenlaufen, da die Speisen vor den eigenen Augen zubereitet werden. Die Küchenmeister verwöhnen mit exquisiten saisonalen und regionalen Spezialitäten.

An sonnigen Tagen bietet sich der idyllische Biergarten zum Verweilen an. Ein frisch gezapftes Bier zum Durstlöschen darf dabei natürlich nicht fehlen.

ADAM-BRÄU

Kur- & Sporthotel Adam-Bräu

Bahnhofstraße 51–53
94249 Bodenmais

Telefon 0 99 24/94 00-0
Telefax 0 99 24/94 00-100

Eigenes Bier zu brauen war Josef Adams größter Wunsch von Kindesbeinen an. Ein Bier wie es einst üblich war: Unfiltriert, naturtrüb, geschmacklich einzigartig, wie zu jenen Zeiten als jede Gaststätte nur ihr eigenes Bier ausschenkte und der Gerstensaft zum Verkauf nicht auf lange Reisen geschickt wurde. Doch es sollten viele Jahre vergehen, bis der Traum verwirklicht werden konnte. Als Sohn eines Bauers war ihm der Weg zunächst von den Eltern vorgezeichnet: „Bauer musst du werden". Also widmete er sich der Landwirtschaft. Als er seine Frau, die Tochter eines Bäckers, kennenlernte, zeichnete sich sein zweiter Beruf ab: „Bäcker kannst du werden". Nach der Hochzeit eröffneten sie die Bäckerei in Bodenmais als erstes Gebäude des heutigen Adam-Anwesens. Die Nachfrage nach den feinen Kuchen, Torten und Backwaren mündete 1972 in der Eröffnung des Adam-Cafés. Hier kann man noch heute die süße Seite des Lebens genießen. Und wo sich Menschen wohlfühlen, da möchten sie bleiben. Es lag also nahe, ein Gasthaus zu bauen: „Hotelier sollst du werden!" 1981 entstand das Hotel, das heute als Kur- und Sporthotel die Tradition der Bayerischen Gastfreundschaft pflegt, und seit August 2002 zu den WellVital-Hotels in Bayern gehört.

Bodenmais

Bodenmaiser Weißbiersuppe mit Dinkel-Thymian-Nockerln

Zutaten

Für die Suppe:
1 l Weißbier (Adam-Bräu Hefe Weisse)
abgeriebene Schale von einer Zitrone
1 Stange Zimt, 1 EL Zucker
50 g Sultaninen
2 EL Kartoffelstärke, 2 Eigelb

Für die Dinkelnockerln:
125 g geschroteter Dinkel
einige Stängel frischer Thymian
1 Eigelb, Salz, Pfeffer, 1/2 TL Zimt

Zubereitung

Das Adam-Bräu-Weißbier mit der Zitronenschale, Zimtstange, Zucker und den Sultaninen einmal aufkochen. Die Kartoffelstärke einstreuen und die Suppe in ca. 20 Min. glasig kochen. Die Suppe vom Herd nehmen und die Zimtstange entfernen. Das Eigelb mit etwas Wasser verquirlen und unter die Suppe rühren, sie darf nicht mehr kochen! Für die Nockerln den Dinkel in 250 ml Wasser aufkochen und in etwa 15 Min. garen. Thymianstängel waschen und die Blättchen abzupfen. Dinkel, Eigelb und Thymian verrühren und mit Salz, Pfeffer und Zimt würzen. Von der Masse mit einem Esslöffel Nockerln abstechen und bei schwacher Hitze in heißem Wasser 10 Min. garen.

Wer mit tatkräftiger Hilfe der Familie so viel auf die Beine stellt, darf dann auch denken: „Brauer möcht' ich werden!" 1990 nahm der Adam-Bräu seinen Betrieb auf. Der Name bürgt für Qualität. Die naturtrüben Bierspezialitäten werden im Sudhaus nach altbayerischer Braukunst hergestellt, im Gärkeller vergoren, im Lagerkeller bis zur vollständigen Reifung in Ruhe gelassen und schließlich in Flaschen mit Bügelverschluss oder Fässer abgefüllt. Es gibt verschiedene Sorten: das hefetrübe Weizenbier „Adam-Bräu Hefe Weisse", das würzige Exportbier mit betontem Malzkörper und satter goldgelber Farbe „Waidler Hell" sowie das dunkelmalzaromatische Exportbier „Bodenmaiser Dunkel" mit süffigem Charakter. Zur Weihnachtszeit begeistert der „Weihnachtsbock" und zur Fastenzeit der „Adamator" die Biergenießer. Das Bier kommt im Adam-Bräu-Keller oder im Bierstüberl zum Ausschank und sorgt für gute Stimmung bei Gästen, Wanderern, Skihaserln und anderen netten Leuten. Wer möchte, kann das Bier auch vor Ort kaufen und mit nach Hause nehmen. Eine Besichtigung der Brauerei ist nach Anmeldung möglich.

Für das leibliche Wohl der Gäste sorgt auch Tochter Eva. In ihrem Kräutergarten zieht sie die frischen Kräuter für die Küche des hoteleigenen Restaurants und des Cafés. Diese bietet raffinierte, saisonale Gerichte aus regionalen Zutaten sowie Vollwertkost an.

Zur Entspannung der Gäste besitzt das Hotel einen Wellnessbereich, ein Hallenbad mit Whirlpool, Sauna und Dampfbad sowie ein Solarium und eine schöne Liegewiese im Garten. Die von Fachpersonal geführte Kur- und Bäderpraxis für Physikalische Therapie im Haus ist für alle Kassen zugelassen. Das hauseigene Massage- und Naturkosmetikstudio lockt mit Streicheleinheiten für Körper und Seele.

LINDNER-BRÄU

Brauerei – Gasthof Lindner-Bräu

Weißenregener Straße 4
93444 Kötzting

Telefon 0 99 41 / 14 29

Ruhetag: Sonntag

Wenn im Kötztinger Land vom Regen die Rede ist, dann ist nicht das Wetterphänomen gemeint, sondern der idyllische Fluss, der sich wildromantisch durch das schöne Land schängelt. Wer dem Flusslauf des Weißen Regens folgt, etwa in einem Kanu oder einem Kajak, der wird in Kötzting am Lindner-Bräu vorbeikommen. Für weniger Sportliche ist die Anreise wesentlich einfacher: An der Ortsumgehung liegt das Anwesen der Familie Kolbeck direkt am Fluss. Leicht übersieht man das Schild, ahnt man doch nicht, was einen erwartet: Eine Gaststätte zum Wohlfühlen. Es scheint so, als würde man beim Betreten des Geländes die Sorgen außen vor lassen.

Hier ist jeder willkommen, ob Student, Arbeiter, Gelehrter oder Beamter, hier ist der Mensch nur Mensch. Alle werden gleich freundlich und zuvorkommend behandelt. Was zählt ist das Gefühl. Das Gefühl, in einem Wirtshaus zu sein, in dem man wie früher ein gutes, bayerisches Essen zu einem gepflegten Bier bekommt. Da rutscht der Bedienung auch schon mal das „du" über die Lippen, doch gerade dies ist doch das Schöne. Hier kommt man an, genießt und verweilt.

Einst erwarben die Eltern von Heinrich Kolbeck den Besitz am Flussufer und er führt die kleine, feine Brauerei als Familienunternehmen weiter. Seine Frau Inge, Köchin aus Leidenschaft, besann sich auf die alten Rezepte und kocht heute für ihre Gäste, als wären es Familienangehörige. So ist der Lindner-Bräu ein beliebtes Ziel bei Einheimischen, Durchreisenden und Touristen, manche behaupten sogar: „Der Linder-Bräu ist Kult!"

Die eigene Brauwasserquelle – nach neusten Erkenntnissen mit rechtsdrehendem Wasser! – liefert bestes, bekömmliches Wasser für die hauseigene Brauerei. Gebraut wird streng nach dem Bayerischen Reinheitsgebot, etwa 5000 Hektoliter im Jahr.

Kötzting

Wer es probieren will, der muss schon selbst hinfahren. Das Bier wird vor Ort verkauft sowie in der Gaststätte und bei großen Feierlichkeiten ausgeschenkt. Alljährlich gibt es „Kaitersberg Leicht-Bier", „Kaitersberg Exportbier" und „Kaitersberg Dunkel" sowie zu jeder Jahreszeit das passende Bier. Das Starkbier „Bock Dunkel" lockt während der Fastenzeit jeden Samstag bis zu 1500 Leute bei zünftiger Musik in die hauseigene Festhalle. Der „Maibock" erfrischt im Frühjahr, passend zum Kötztinger Pfingstritt, der größten berittenen Bittprozession Europas. Das „Festbier" im Herbst sorgt für richtige Stimmung beim mehrtägigen Oktoberfest auf dem hauseigenen Gelände. Und das süffige „Weihnachtsbockbier" rundet im Winter das Spezialitäten-Sortiment ab.

Ein Besuch beim Lindner-Bräu ist in der warmen Jahreszeit ein besonderes Erlebnis, wenn die vielen Pflanzen – vom Mandelbäumchen bis zur Passionsblume – im Biergarten vorm Haus ihre ganze Blütenpracht entfalten.

Rehbraten

Zutaten für 4–6 Personen

1 große Karotte, 1 große Zwiebel
100 g Sellerie
ca. 1,2 kg ausgelöste Rehkeule
Salz, Pfeffer, 4 EL Butterschmalz
1 gehäufter EL Tomatenmark
1/4 l Rotwein, 3/4 l Brühe
1 Stck. unbehandelte Zitronenschale
2 Nelken, 2 Pimentkörner
5 Pfefferkörner, 1 Lorbeerblatt
5 Wacholderbeeren, 1 Knoblauchzehe
Rosmarin, Thymian
3 EL Mehl
1 EL Preiselbeeren, 1 EL Schmand

Zubereitung

Gemüse würfeln. Fleisch mit Salz und Pfeffer einreiben und in 2 EL Schmalz anbraten. Gemüse zufügen und mitbraten. Tomatenmark kurz mitrösten, mit Wein und Brühe ablöschen. Gewürze zugeben und das Fleisch zugedeckt bei 180 °C im Ofen 1 1/2 Std. schmoren. Den Braten herausnehmen und in Alufolie wicken. Den Schmorsud durch

ein feines Sieb gießen. 2 EL Schmalz im Topf heiß werden lassen, das Mehl darin dunkel anrösten und mit Schmorsud aufgießen. Ca. 20 Min. köcheln lassen. Die Sauce abseihen, mit Salz und Pfeffer abschmecken. Nach Belieben Preiselbeeren und Schmand zugeben. Das Fleisch aus der Folie wickeln und mit der Sauce anrichten. Dazu passen Ritschi-Knödel.

WALDSCHLÖSSL

Waldschlößl

Waldschlößlstraße 12
Höllhöhe
93453 Neukirchen b. Hl. Blut

Telefon 0 99 47/12 06
Telefax 0 99 47/24 41

Erst seit gut 30 Jahren verwenden Brauereien Fässer aus Edelstahl oder Aluminium. Früher nutzen sie Holzfässer, die innen mit einer dünnen Pechschicht versiegelt wurden, um das Bier vor dem Verderb zu schützen und die Kohlensäure am Entweichen zu hindern. Das so genannte Pichen der Fässer in den Pechsiedereien war eine gefährliche Arbeit da sich das Pech – in Wasser ausgeschmelztes Baumharz – nur im stark erhitzten Zustand verteilen lässt.
Das wildromantische Hotel Waldschlößl bei Höllhöhe ist ein Familienbetrieb, der sich aus solch einer Pechsiederei entwickelt hat. Anfang des 19. Jahrhunderts kaufte sich Antonius Aschenbrenner ein Tagwerk Land

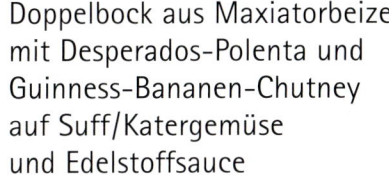

NEUKIRCHEN b. HL. BLUT

und errichtete eine Pechhütte. Er war einer der ersten im Bayerischen Wald, der mit dem gewonnenen Baumharz Bierfässer für die großen Münchner Brauereien abdichtete. 1862 baute er ein Haus am Verbindungsweg zwischen Hohenwarth und Neukirchen b. Hl. Blut. Schon bald darauf erkannte er, dass sich dieses als Gastwirtschaft bestens eignen würde. Der bayerische König erteilte ihm das Bier- und Schankrecht, und zur Wirtshaustaufe gab es Freibier. Jeder stimmte überein: „Die Einkehr ist so schön wie ein Schlößl im Wald" – der Name des „Waldschlößl" war gefunden. Mit viel Liebe, Sorgfalt und Engagement der Familie Maurer hat sich das Hotel im Laufe der Zeit zu einem behaglichen Sport- und Wellnessressort der Spitzenklasse gemausert. Mit Bayerns größtem hoteleigenem Fitnessstudio und einer schönen Wellnessoase mit Beautyabteilung lockt es Sportler und Erholungssuchende gleichermaßen an.

Die Verpflegung geht mit so mancher kulinarischer Überraschung einher. Ludwig Maurer, Sohn des Hauses und passionierter Heavymetal-Musiker, wollte eigentlich nie Koch werden. Durch das elterliche Hotel lag es jedoch nahe, einen gastronomischen Beruf zu erlernen. Nach einem halben Jahr Ausbildung zum Hotelfachmann sattelte er auf Koch um und erlernte in einem renommierten 5-Sterne-Hotel die klassische Cuisine mit besten Produkten auf höchstem Niveau. Mehrere Stationen in der gehobenen Gastronomie folgten, doch die Erfüllung kam erst bei Stefan Marquard, dem „Enfant Terrible" der deutschen Kochszene. Sein Credo: Laute Heavymetal-Musik, kreatives Kochen – ohne sich an festgefahrene Regeln zu halten –, nur die beste Qualität und frische Zutaten, bevorzugt aus der Region, verwenden. Diese Zeit bei „Papa Crazy" hat Ludwig Maurers Kochstil geprägt und so steht „Cross-over-cuisine" nun zusätzlich auf der Karte des Waldschlößls. Als Mitglied der Jolly Roger Cooking Gang, dem Team um Spitzenköche wie Stefan Marquard und Wolfgang Weigler, ist Ludwig Maurer oft bei nationalen Kochevents zu sehen. Wenn er gerade nicht hinterm Herd steht, spielt er Konzerte mit seiner Heavymetal-Band bis hoch nach Flensburg oder organisiert Festivals.

Doppelbock aus Maxiatorbeize mit Desperados-Polenta und Guinness-Bananen-Chutney auf Suff/Katergemüse und Edelstoffsauce

Für das Fleisch je 4 Karree- oder Rückenfiletstücke vom Lamm (oder Ziege) und Gams (oder Reh) verwenden, so dass der „Doppelbock" kombiniert wird aus Haus- und Wildtier. Aus Buttermilch, Rhaner Maxiator Bockbier, Rotwein, Lorbeer, Piment, Pfefferkörner, Knoblauch und Thymian eine Beize mischen und das Fleisch über Nacht einlegen. Am nächsten Tag das Fleisch mit Salz, Pfeffer und etwas Honig würzen und in Olivenöl mit angeschlagenem Knoblauch, Thymian und Rosmarin braten. Fleisch herausnehmen. Bratansatz mit Augustiner Edelstoff ablöschen und mit etwas Lammfond einreduzieren.

Für das Chutney 4 Bananen mit einer halben Flasche Guinness und zwei Scheiben Pumpernickelbrot pürieren, mit Zucker würzen und 2 in Würfel geschnittene Bananen unterheben.

Für die Desperados-Polenta Maisgries mit heller Brühe sämig kochen, geriebenen Parmesan unterrühren, mit Salz, Zucker, weißem Pfeffer, Olivenöl und Desperados abschmecken. Fest werden lassen, Törtchen ausschneiden und mit Zucchinischeiben umlegen.

Für das Suff/Katergemüse Gemüse in Bärlauchöl mit Salz, Pfeffer, Zucker, Lavendelblüten und Kornblumen anschwitzen und mit Himbeeressig löschen (der den „Rollmopseffekt" bewirken soll).

GASTHOF ZUR POST

Gasthof zur Post

Waldschmidtstraße 14
93458 Eschlkam

Telefon 0 99 48/7 51
Telefax 0 99 48/2 19

Getränke Penzkofer

Freibachstraße 1
93458 Eschlkam

Telefon 0 99 48/94 06 -0
Telefax 0 99 48/94 06 -11

Im Markt Eschlkam, im Ferienland Hohenbogen-Winkel, treffen Bier und Barock aufeinander. Gegenüber der sehenswerten Jakobuskirche, die Jakobus dem Älteren geweiht ist, befindet sich der Brauerei-Gasthof zur Post. Einst kehrten hier die Pilger des berühmten Jakobsweges ein. Auch machte die Postkutsche Halt, denn Eschlkam befindet sich an der alten Handelsstraße nach Böhmen.

Bereits um 1300 wurde in Eschlkam nachweislich Bier gebraut. Das Bierbrauen im Brauerei-Gasthof, der ehemals Brauerei Neumayer und zuletzt Brauerei Obermeier hieß, wurde 1955 eingestellt. Das denkmalgeschützte Anwesen hat einen Baukern aus dem 15./16. Jahrhundert.

Seit 1964 bewirtschaftet Xaver Penzkofer sen. mit Frau Inge und Sohn Thomas den Gasthof. Sohn Xaver jr. betreibt mit seiner Frau Marion einen Getränkefachhandel. In Andenken an den Ehrenbürger des Ortes, Maximilian Schmidt, führt die Familie Penzkofer seit 1991 die Eschlkamer Biertradition weiter mit der Biermarke „Waldschmidt-Bier". Im Auftrag werden von heimischen Brauereien nach bayerischer Tradition Waldschmidt „Das Helle", Waldschmidt „Weissbier" und Waldschmidt „Leichter Weissbierhit" gebraut. Sie kommen in der regionalen Gastronomie und Hotellerie sowie bei kleinen und großen Festen zum Ausschank.

„Das Helle" und das „Weissbier" wurden mit dem Bayerwald Premium Siegel der Bayerwald Marketing Gesellschaft ausgezeichnet. Hofrat Maximilian Schmidt, genannt Waldschmidt, wurde 1832 in Eschlkam geboren und war ein bekannter Schriftsteller seiner Zeit. Er begründete den Bayerischen Fremdenverkehrsverband und rief 1895 den

ESCHLKAM

1. Trachten- und Schützenfestzug zum Münchner Oktoberfest ins Leben, um bayerisches Brauchtum und Tradition bekannt zu machen.
Heute illustriert eine Ausstellung im Gasthof sein Leben und Werk. Jährlich wird zudem der Waldschmidt-Preis an Persönlichkeiten verliehen, die sich um die bayerische Waldheimat verdient gemacht haben.
Der Gasthof zur Post wartet mit einer gut sortierten Getränkekarte mit gepflegten Bieren vom Faß und erlesenen Weinen auf. Dazu passt die bodenständige bayerische Küche mit frischen Produkten aus der Region.
Die Spezialitäten reichen von Spanferkel, Ente, Wild, Pilzgerichten und Fisch aus heimischen Gewässern bis hin zu Liwanzen (böhmische Hefekücherl) mit hausgemachtem Zwetschgenkompott und Heidelbeer-Pfannkuchen.
Die Aktivitäten im Gasthof locken viele Gäste an. Auf der Bühne im historischen Braugewölbe finden Theateraufführungen statt, das Sportlerstüberl beherbergt zwei vollautomatische Kegelbahnen und fünf Luftgewehr-Schießstände. Die Gaststube bietet täglich Mittags- und Abendtisch, für große Veranstaltungen stehen gemütliche Gasträume zur Verfügung.
Jedes Jahr im März steigt zu Josefi die traditionelle Wurstpartie mit Bockbierfest. Im Juli, zum Jakobi-Kirchweihfest, findet das Bayerisch-Böhmische Musikantentreffen und am ersten oder zweiten Wochenende im September das Eschlkamer Oktoberfest mit einem Bayerisch-Böhmischen Brauchtumsumzug statt.

Waldschmidt-Teller

Zutaten für 2 Personen

2 Stck. Kasseler Rippchen
500 g Kartoffeln
5 EL Mehl, Salz
Butterschmalz zum Braten
3 EL süße Sahne

Zubereitung

Kasseler Rippchen in der Pfanne mit etwas Butterschmalz anbraten. Für den Sterz (Kartoffelschmarrn) die Kartoffeln in der Schale gar kochen. Die Schale entfernen und die heißen Kartoffeln durch eine Kartoffelpresse oder Kartoffelreibe drücken, danach auskühlen lassen. Unter die abgekühlte Kartoffelmasse 5 EL Mehl geben, gut vermischen und abbröseln. In einer Pfanne mit heißem Butterschmalz rundum schön braun anbraten und ein bisschen salzen. Besonders saftig wird der Sterz, wenn man vor dem Servieren noch 3 EL süße Sahne unterhebt und ihn im Bratrohr bei 180 °C noch etwa 5 Min. aufwärmt. Als Beilage passt Sauerkraut und ein Waldschmidt-Bier. Der Sterz ist ein landestypisches Gericht des Bayerischen Waldes. Er wird auch gerne mit Apfelkompott oder mit Dickmilch gegessen.

PARK-HOTELANLAGE BÖHMERWALD

Park-Hotelanlage Böhmerwald

93458 Warzenried / Bayer. Wald

Telefon 0 99 47 / 20 00
Telefax 0 99 47 / 20 01 40

An der bayerisch-böhmischen Landesgrenze nahe Eschlkam, inmitten unberührter Wälder und Wiesen, liegt das charmante Parkhotel Böhmerwald. Allein schon der Anblick der vier Häuser „Residenz", „Haupthaus", „Landhaus" und „Rosenhof" lässt sein besonderes Flair erahnen. Mit Liebe zum Detail und vielen innovativen Ideen hat es Familie Toni und Ingeborg Schreindorfer mit ihrem gutem Team der „Böhmerwaldgeister" verstanden, aus dem einst kleinen Café auf der grünen Wiese ein komfortables, sehr behagliches Ferienhotel zu schaffen.

Die Kunst, über die Belange und Erwartungen der Gäste nachzudenken, ihnen jeden Wunsch von den Augen abzulesen, hat vielzählige Angebote hervorgebracht – wie die Vereinigung Viabono dem Hotel bescheinigt. Nicht umsonst listet auch eine renommierte österreichische Vereinigung das Parkhotel Böhmerwald als erstes G'sund-&-Vital-Wohlfühl-Hotel Deutschlands auf. Ihre Philosophie, Gäste rundum zu verwöhnen, fängt in der Küche an. Naturbelassene Lebensmittel aus der Region, frisch aus Wald, Feld, Wasser und Flur sind an der Tagesordnung.

Das Hotel verfügt über eigene Fischgewässer, je ein Mufflon- und Damwildgehege sowie einen Kräuter- und Gemüsegarten. Beste Voraussetzungen für die Küchenmannschaft, um daraus täglich kulinarische Köstlichkeiten zu kreieren wie etwa die Warzenriedener Brennnesselsuppe, Gerichte mit Bärlauch sowie Fisch- und Wildspezialitäten.

Die Gäste kommen von nah und fern. Als besonderen Service bietet das Hotel an,

Warzenried

Gruppenreisende in ihrem Heimatort – deutschlandweit – abzuholen, ein umfangreiches Ausflugsprogramm vor Ort durchzuführen und nach erholsamen Urlaub wieder nach Hause zu bringen.

Gestärkt durch ein reichhaltiges Frühstücksbuffet finden die Gäste dann zu jeder Jahreszeit und jedem Wetter Gelegenheit, Geist und Körper zu regenerieren. Wandern, Joggen, Radeln, Tennis, Golfen, Langlaufen sowie Schwimmen im Hallenbad mit Gegenstrom und Wasserfall oder Tanzen sind beliebte Freizeitbeschäftigungen. Ausflüge zu den Attraktionen des Bayerischen Waldes werden organisiert.

Die hoteleigene Wellness-Alm bietet zahlreiche Well-Vital-Arrangements an. Hier wird mit Herz und Verstand verwöhnt, denn das Personal ist sehr gut geschult. Ob Mann oder Frau, ob als Familie oder Alleinreisender, jeder kann im Parkhotel Böhmerwald auf unaufdringliche Weise Pflege und Ansprache erfahren. „Denn", so fragt Frau Schreindorfer, „warum sollen nicht auch ältere Menschen, Frauen wie Männer gleichermaßen, durch Wellnessanwendungen Entspannung und Wohlgefühl erfahren?" Sei es in Form von wohltuenden Nacken- oder Fußmassagen oder anhand sanfter Gesichtsbehandlungen und feiner Kosmetik in der hoteleigenen Beautyfarm nach der Methode von Gertraud Gruber. Der komfortable Saunagarten lädt darüber hinaus zum Ausruhen ein. Mit einem süffigen Bier an der Pilsbar oder im Biergarten kann der Tag dann getrost ausklingen.

Gebeizte Mufflonmedaillons mit Wacholderbutter und Beeren-Pfefferschaum

Zutaten

4 Mufflonmedaillons à 80 g
4 Scheiben Wammerl
Für die Beize:
2 EL Rotwein, 4 EL Öl
Salbei, Thymian, Rosmarin
2 Knoblauchzehen
Für die Wacholderbutter:
20 Wacholderbeeren
10 g Zwiebel, gewürfelt
4 EL Rotwein, 160 g Butter
Salz, Pfeffer
Für die Sauce:
60 g gewürfeltes Röstgemüse
2 EL Öl, 1 TL Tomatenpüree
etwas Rotwein, 1/4 l Wildfond
2 EL Preiselbeeren
1 EL Gin, 1/4 l Sahne, geschlagen
1 TL rote Pfefferkörner

Zubereitung

Das Fleisch parieren und über Nacht im Kühlschrank beizen. Wacholderbeeren und Zwiebel in Wein auskochen, passieren und abkühlen lassen. Die kalte Butter cremig rühren, salzen, pfeffern und die kalte Reduktion untermischen. Mit einem Spritzbeutel und kleiner Sterntülle Rosetten auf Butterpapier aufspritzen und tiefgefrieren. Speck kross ausbraten. Für die Sauce Abschnitte der Mufflonlende anbraten. Gemüse kurz mitrösten. Tomatenmark einrühren, mit Wein und Fond ablöschen. Würzen, etwa 40 Min. köcheln lassen, passieren, 10 Min. reduzieren. Beeren und Gin einrühren, Sahne unterziehen, aufmixen und Pfefferkörner einstreuen. Fleisch braten und auf Saucenspiegel mit Butterrosetten und Speck anrichten.

DRACHENSTICH FESTSPIELE

Drachenstich Festspiele e. V.

Stadtplatz 4
93437 Furth im Wald

Telefon 0 99 73 / 5 09 70
Telefax 0 99 73 / 5 09 85

Brauerei Mühlbauer

Further Straße 10
93473 Arnschwang

Telefon 0 99 77 / 2 21
Telefax 0 99 77 / 90 20 14

Gasthof zum Bay

Bayplatz 5
93437 Furth im Wald

Telefon 0 99 73 / 43 34
Telefax 0 99 73 / 43 74

Bei Deutschlands ältestem Volksschauspiel, dem Drachenstich, wird seit mehr als 500 Jahren gegen das Böse gekämpft. Eine Woche lang im August erwacht in Furth im Wald das Mittelalter aus seinem Dornröschenschlaf – mit einem historischen Festzug, einem historischen Kinderfest und den heiteren Further Ritterspielen. Höhepunkt sind während der Festwoche die acht dramatischen Aufführungen des Drachenstich-Festspiels, bei denen die Zuschauer in die Welt des ausgehenden Mittelalters versetzt werden und erleben, wie sich der Drachenstich – der St.-Georgs-Legende nach – einst zugetragen hat.

Die heutige Spielfassung verlegt die Handlung in die Zeit der Hussitenkriege und beschreibt die im Jahr 1431 stattgefundene Schlacht nahe der böhmischen Stadt Taus. Das Publikum erlebt die Verzweiflung der flüchtenden Menschen, die panische Angst vor dem feuerspeienden Drachen, Intrigen und Machtkampf, Not und Verzweiflung – und den heldenhaften Mut eines Einzelnen, der es wagt, sich dem Untier entgegenzustellen.

Passend zum Motto des Drachenstichs führt die Brauerei Mühlbauer in Arnschwang ein Spezial-Märzenbier mit dem Namen „Drachenblut" und ein leicht prikelndes helles Weißbier mit fruchtiger Blume namens „Drachenweisse" im Sortiment. Beide Marken hat die Brauerei Mühlbauer von der in Furth

FURTH IM WALD

im Wald ansässigen Späth Brauerei übernommen. Zusammen mit dem mehrmals von der DLG mit Gold ausgezeichneten „Mühlbauer Edel-Hell", dem „Arnschwanger Pils", dem „Bärenweisse" und dem „Leichten Bär" – ein original eingebrautes Weizenbier mit weniger Alkohol – werden die Drachenbiere nicht nur zur Festspielzeit in verschiedenen Lokalen der Stadt, etwa im Gasthof zum Bay, geführt.

Die Stadt Furth im Wald ist seit jeher das Landestor zwischen Bayern und Böhmen. Am Bayplatz, ungefähr dort, wo heute der Gasthof zum Bay und andere alte Häuser stehen, flossen die Wasserläufe des Chamb und der Kalten Pastritz zusammen. An dieser Furt, einer flachen Stelle im Fluss, entstand Furth im Wald. Historikern zufolge schenkte Kaiser Heinrich IV. am 9. April 1086 dem Grafen Friedrich von Bogen den Weiler „Vurte", dessen erstes Gehöft vermutlich das Gebäude mit dem Namen „Bay" war. Noch heute sieht man an dem unterirdischen Gewölbe des Gasthofes die Stelle wo einst das Wasser entlang lief. Im „Bay" kehrten die Fuhrleute zur Rast ein und ließen gleichzeitig ihre Wägen in der gegenüberliegenden Baselschmiede reparieren. Beide Gebäude waren die Keimzelle der städtischen Entwicklung. Der Baywirt genoss mit seiner großen Landwirtschaft, einer Brauerei und der Gastwirtschaft über Jahrhunderte hinweg höchstes Ansehen. Auch heute empfiehlt sich der Gasthof zum Bay mit bayerischer Bierseeligkeit und einer feinen Küche, die stets eine extra Wochenkarte mit regionalen Spezialitäten – etwa aus der guten alten kaiserlich-böhmischen Zeit – aufweist. Franz Weinfurter versteht es aufs beste, seine Gäste kulinarisch zu verwöhnen. In der urgemütlichen Wirtsstube mit Holzvertäfelung und Kachelofen fühlt man sich gleich wie zu Hause, und an warmen Tagen genießt man das Leben und ein kühles „Drachenblut" im Biergarten des romantischen Innenhofes. Für die schönsten Stunden am Abend eröffnete Franz Weinfurter vor kurzem mit dem „Dubay" ein neues Lokal im Gasthof. Hier vergisst man seinen Alltag und taucht an der Havanna-Club-Bar, im Feng-Shui-Restaurant oder bei flotter Musik im neuen Café in eine jeweils andere, faszinierende Welt ein.

Milchlammschlegerl, im Heu gebraten

Zutaten

1 kg Milchlammschlegerl
(ca. 1,2 kg mit Knochen)
Salz, Pfeffer
feines Heu vom ersten Schnitt
800 g gekochte Kartoffeln
8 Stck. Rispentomaten
4 Knoblauchzehen
1 Bund Röstgemüse

Zubereitung

Ausgelöstes Schlegerl mit Salz und Pfeffer einreiben und in den auf 180 °C vorgeheizten Ofen schieben. Ein großes Stück Alufolie mit Heu belegen und nach 10 Min. Garzeit das Schlegerl ins Heu einschlagen und in ein Reindl legen, Kartoffeln, Tomaten, ungeschälte Knoblauchzehen und Gemüse zugeben. 30 Min. braten. Lammkeule aus der Folie nehmen, Heu entfernen, in Scheiben schneiden und mit Bratenfond beträufeln. Mit den Tomaten und Kartoffeln anrichten.

BRUNNER HOF

In der Further Senke, zwischen den Bergen Hoher Bogen und Dachsriegel im Naturpark Oberer Bayerischer Wald, liegt der kleine Ort Arnschwang, nur wenige Kilometer von Furth im Wald entfernt. Als Wahrzeichen des Ortes erhebt sich die alte Pfarrkirche zu Ehren des Hl. Martins gegen den Himmel und der Turm scheint schon von weitem den Weg zum Brunner Hof zu weisen. Das gemütliche Landhotel bietet einen Urlaub wie aus dem Bilderbuch, erholsam und abwechslungsreich zugleich. Auf ihrem Anwesen hat Familie Brunner ein kleines Paradies geschaffen, das den Traum vom feinen Leben auf dem Lande wahr werden lässt. In der großzügigen, gepflegten Gartenanlage mit Liegewiese, Felsendusche, altem Brunnen und Teichanlage mit kleinem Wasserfall lässt es sich bequem spazieren gehen und auf den Ruhebänken Platz nehmen. Die unmittelbar am Grundstück vorbeifließende Chamb lädt ein im Winter zum Eisstock schießen und Schlittschuh laufen sowie im Sommer zum Schwimmen und Boot fahren.

Ihr Fischreichtum von Aal bis Waller erfreut auch die Hotelgäste, die hier nach Herzens-

Landhotel – Gasthaus
Brunner Hof

Kirchgasse 13
93473 Arnschwang

Telefon 0 99 77/2 57
Telefax 0 99 77/83 56

ARNSCHWANG

lust angeln können. Mit dem Spielzimmer, Spielplatz, Fußballplatz, Tischtennis, Billard und Kicker bietet das kinderfreundliche Haus auch den jüngsten Gästen viel Abwechslung.

Seine besondere Vorliebe für Holz hat Andreas Brunner veranlasst, mit tatkräftiger Hilfe der gesamten Familie, 22 alte Schuppen und Häuser von 15 verschiedenen Bauernhöfen aus der Umgebung abzubauen. Das alte Holz diente als Bau- und Dekorationsmaterial für seine verschiedenen alten Gebäuden und Stadel'n sowie für die Inneneinrichtung der exklusiven Zimmer eines ganzen Stockwerkes im neuen Gästehaus. Der urige Musikantenstadl eignet sich mit seinem Platz für 180 Personen besonders gut für musikalische Events und Feierlichkeiten jeglicher Art. Jeden 2. Freitag im Montag (außer Juli und August) findet dort ein großer Musikantenstammtisch statt, bei dem zuweilen bis zu 40 Musiker auftreten. Der idyllische Biergarten lädt an warmen Tagen zum Verweilen ein. Bei Musik und zünftiger Brotzeit kann man bei untergehender Sonne die Kirche im schönen warmen Licht bewundern.

In der Küche kümmert sich Cornelia Brunner mit ihrer Mannschaft um das leibliche Wohl der Gäste. Der Tag beginnt mit einem großzügigen Frühstücksbüfett mit Vitalecke und 1 x wöchentlich mit kesselfrischen Weißwürsten. Tagsüber kann man aus einer reichhaltigen Speisenkarte wählen, nachmittags verwöhnen die hauseigenen Kuchen und Torten die Gäste und abends gibt es mehrere 3-Gänge-Menüs zur Auswahl. Die hauseigene Metzgerei sorgt für die Bestückung der frischen Schlachtplatte, die es jeden Montag als Bufett in der rustikalen Hofstub'm gibt.

An den bayerischen Abenden mit stimmungsvoller Musik werden die Gäste zudem mit einem bayerischen Schmankerlbufett verwöhnt. Die frischen Kräuter aus dem eigenen Garten runden dabei die Speisen geschmacklich ab.

Gemüsetimbale mit Pfifferling-Austernpilzragout und Kräuter-Semmelknödel

Zutaten

Für die Gemüsetimbale:
160 g Gemüse (Karotten, Bohnen, Brokkoli, Paprika)
4 Eier, getrennt
40 g Mehl, 1 Messerspitze Backpulver
20 g geriebener Gouda
1 EL Sauerrahm
Petersilie, Schnittlauch, Bärlauch

Für das Pfifferling-Austernpilz-Ragout:
150 g Pfifferlinge, 150 g Austernpilze
1 Schalotte, klein gewürfelt
1/8 l Weißwein, 270 ml Sahne
25 g Butter, Petersilie, Salz, Pfeffer

Für die Kräuter-Semmelknödel:
235 g Semmeln, 150 ml Milch
4 Eier, 1/2 Zwiebel, gewürfelt
Petersilie, Salz, Muskat

Zubereitung

Für die Timbale das Gemüse blanchieren und mit Eigelb vermischen. Mehl, Backpulver, Käse, Sauerrahm und Gewürze untermischen. Eiweiß steif schlagen und unterheben. Masse in gebutterte Förmchen geben und bei 160 °C im Ofen 30 Min. backen. Für das Ragout die Pfifferlinge waschen und mit den Austernpilzen mischen. Schalotten in etwas Butter anschwitzen. Pilze zugeben, leicht anbräunen, mit Wein ablöschen und mit Sahne aufgießen. Etwas reduzieren lassen. Beiseite nehmen, mit Butter binden. Petersilie zugeben, abschmecken. Für die Knödel die Semmeln schneiden, mit heißer Milch übergießen und Eier zugeben. Zwiebel anschwitzen, Petersilie, Salz und Muskat zufügen. Alles zu einem Teig mischen. Salzwasser zum Kochen bringen. Knödel formen und 10 Min. in siedendem Wasser köcheln lassen.

OBERPFÄLZER WALD –

NATURSCHÄTZE UND BIERFÄSSER

Entlang der tschechischen Grenze geht der Bayerische Wald an seiner westlichen Ausdehnung nahezu fließend in den Oberpfälzer Wald über. Dichter Wald zur Brennholzgewinnung und große Quarzvorkommen begünstigten einst die Ansiedlung von Glashütten in beiden Regionen. Die handwerklichen Fähigkeiten der Glaskünstler und ihre Glaswaren sind heute entlang der Glasstraße auf oberpfälzer Gebiet von Plößberg und Tirschenreuth über Waldsassen und Mitterteich bis nach Windischeschenbach und Weiden zu besichtigen. Bleikristall-Manufakturen, die das glänzende und stark Licht brechende Glas herstellen, haben sich um 1900 in Neustadt an der Waldnaab angesiedelt. Sie kamen aus dem Bayerischen Wald, um Anschluss an das Eisenbahnnetz in der Oberpfalz zu bekommen.

Das am Fuße des Fichtelgebirges vorkommende Kaolin dient zusammen mit Feldspat und Quarz als Grundstoff für Porzellan und legte den Grundstein für die im Nordosten Bayerns weltberühmte Porzellanindustrie. Touristen aller Welt bereisen heute die auf rund 70 Kilometer mit der Glasstraße gemeinsam verlaufende Porzellanstraße und decken sich in den edlen Verkaufsräumen der Fabriken mit Tischkultur vom Allerfeinsten ein.

Ansonsten enthält der Boden viele Steine. So viele, dass die Oberpfalz früher auch „Stoapfalz" (= Steinpfalz) genannt wurde und das Gebiet im südlichen Fichtelgebirge den Namen Steinwald trägt. Hier türmt sich der allgegenwärtige Granit zu imposanten Felsen auf, die zur Entstehung von Sagen und Geschichten inspiriert haben. Für die Bauern bedeutete dieser Steinreichtum allerdings harte Arbeit. Bevor Felder bestellt und Kartoffeln gelegt werden konnten, mussten Steine geklaubt werden. Die beliebten „Erdäpfel" prägen noch heute die oberpfälzer Küche wie die Fische aus den unzähligen Teichen der Region. Im Mittelalter legten Mönche aus dem Kloster Waldsassen Teiche im Gebiet um Tirschenreuth an und züchteten Karpfen. Fischzucht war und ist noch heute ein einträgliches Geschäft. 1179 ging als das Jahr des „größten Fischessens" in die Geschichte ein, als Kaiser Friedrich II., Barbarossa, mit seinem 6000 Mann starken Hofstaat zur Einweihung der romanischen Klosterkirche der Zisterzienser anreiste. Sie wurden mit Fisch verköstigt, da eine Ordensregel den Zisterzienser verbat, das Fleisch warmblütiger Tiere zu essen.

Das zwischen Tirschenreuth und Falkenberg liegende Gebiet der Waldnaabaue zählt zu den schönsten und ökologisch bedeutendsten Teich-

In der Oberpfalz

Weiden

Oberpfälzer Wald – Naturschätze und Bierfässer

Schwandorf

Wiefelsdorf

Amberg

landschaften Europas. Hier wird die Nutzung der Teiche im Einklang mit der Natur betrieben, weshalb viele bedrohte und seltene Tier- und Pflanzenarten überleben können: Schwarzstorch, Eisvogel und Moorfrosch sowie Sonnentau, Arnika und Buschnelke. Besonders viele Zugvögel nutzen die großen Teichgebiete als Rastplätze auf ihren Wanderungen. Um dieses Natur-Kleinod zu sichern und zu erhalten, wurde vor einigen Jahren in der Waldnaabaue ein Bundes-Naturschutz-Projekt gestartet, in dem Wissenschaftler, Teichwirte und Naturschützer eng zusammenarbeiten.

Zum Essen ein gutes Bier zu trinken hat in der Oberpfalz lange Tradition. Ob uriges Zoiglbier, süffiges Dunkles, spritziges Weißbier, feinherbes Pils oder andere Spezialitäten, das Angebot der regionalen Privatbrauereien lässt keine Wünsche offen. Doch Bier ist mehr als nur ein Getränk. Seit einigen Jahren findet jeweils im Mai zum Auftakt der Biersaison das „grenzüberschreitende Bierfassrollen" zwischen Chodová Planá (Kuttenplan) bei Marienbad in Böhmen und dem Landkreis Neustadt a. d. Waldnaab im Oberpfälzer Wald statt. Akteure sind die Mitglieder der Freiwilligen Feuerwehr Störnstein, welche die Farben der Brauereien im Kreis Neustadt a. d. Waldnaab vertreten, und das Team der einzigen Privatbrauerei Westböhmens, Chodovar. Die Teilnahme erfordert sportlichen Ehrgeiz, gute Kondition und viel Geschick, um ein leeres 100-Liter-Bierfass aus Eichenholz nach der ca. 55 Kilometer langen Route über die Ziellinie rollen zu lassen. Jedes Fassroll-Team darf das Fass nur mit einem 1-Meter-langen Holzstock treiben, wobei jedes Fass durch Seile stabilisiert wird, welche an der Fassachse befestigt sind Am Ziel feiern alle beteiligten Brauereien ein gemeinsames Bierfest.

FAMILIENBRAUEREI JACOB

Familienbrauerei Jacob
Hotel-Restaurant

Ludwigsheide 2
92439 Bodenwöhr

Telefon 0 94 34 / 94 10 -0
Telefax 0 94 34 / 94 10 -66

Das Oberpfälzer Seenland im Landkreis Schwandorf ist ein ideales Erholungsgebiet. Ein ausgedehntes Netz an Wander-, Rad- und Reitwegen erschliesst dem Naturliebhaber die Flüsse, Seen, Wälder und Wiesen. In Bodenwöhr präsentiert sich – tiefgründig, moordunkel und umsäumt von Schilf, Laub- und Nadelbäumen – der etwa 8 km lange Hammersee je nach Lichtstimmung mal verträumt, mal geheimnisvoll. Mit seinem seichten, sandigen Ufer und weichem Wasser lädt er zum Schwimmen, Paddeln und Tretboot fahren ein. Zudem gehen hier Hecht, Zander, Aal, Karpfen, Schleie, Waller, Graskarpfen, Brachse und Rotauge dem Petrijünger an den Köder.

Mit ihrer Alleinlage direkt am See hat die Familienbrauerei Jacob die Idylle direkt vor der Haustür. Wenn man auf der Terrasse des Brauereigasthofes mit einem Bodenwöhrer Weißbier in der Hand auf das Wasser hinausblickt, braucht man nicht von Italien zu träumen.

Die Tradition des Bierbrauens in Bodenwöhr geht auf das Jahr 1758 zurück, als gegen den erbitterten Widerstand der umgebenden Märkte das „Churfürstliche Bräuhaus" errichtet wurde, mit der Vorgabe, das erzeugte Bier nur im braueigenen Wirtshaus auszuschenken. 1804 vollzog sich die Privatisierung und nach mehreren Besitzern erwarb 1884 Johann Baptist Jacob die Brauerei. Seitdem ist die Brauerei in Familienbesitz und wird heute in der 5. Generation von Marcus Jacob geführt.

Mit ihrem erst 1994 auf den Markt gebrachten „Bodenwöhrer Weißbier" hat die Brauerei schon goldene Geschichte geschrieben. Es ist das einzige Weißbier, das seit 10 Jahren ununterbrochen den renommierten DLG-Preis in Gold verliehen bekommt. Die Deutsche Landwirtschaftsgesellschaft e. V. (DLG) ist die wichtigste Organisation für die Bewertung von Bier. Im Wettbewerb 2004 wurde das „Jacob Altbayerisch Hell" ebenfalls mit einer Goldmedaille ausgezeichnet. Oberpfälzer Hochgenuss liefern zudem der süffige „Jacobator" zur Starkbierzeit, dessen Anstich mit einem großen Fest im hauseige-

BODENWÖHR

nen Bräu-Keller gefeiert wird, die beiden „Hammer Pils" und „Hammer Weizen" in 0,33-l-Flaschen sowie „Jacob Spezial Export", „Jacob Edelpils", „Bodenwöhrer Weißbier dunkel" und „Bodenwöhrer leichte dunkle Weiße".

Küchenchef Jens Eisermann mit seinem Team bietet im Brauerei-Gasthof eine bodenständige oberpfälzer Küche mit feinen Gerichten, die alle gut zu Bier passen.

Ein für Kurzurlauber ideales Erholungspaket ist das Angebot „See und Bier in Bodenwöhr". Es beinhaltet einen Begrüßungstrunk, zwei Übernachtungen mit Frühstück in einem der gemütlichen und mit allem Komfort ausgestatteten Gästezimmer mit Seeblick, zwei 3-Gänge-Menüs sowie eine informative Brauereibesichtigung, eine romantische Kahnfahrt und ein Abschiedspräsent aus der Brauerei. Im Sommer lockt zusätzlich der eigene Badestrand am See sowie das im August stattfindende Seefest.

Forelle „Müllerin"

Zutaten für 1 Person

1 Forelle (ca. 300 g), ausgenommen
Salz, Pfeffer
Zitronensaft
Mehl
Butterschmalz
Zitronenecken und -scheiben
Petersilie
zerlassene Butter

Zubereitung

Die Forelle unter fließendem kaltem Wasser waschen und mit Salz, Pfeffer und Zitronensaft würzen. Die Forelle danach in Mehl wenden (mehlieren) und in eine Pfanne mit heißem Butterschmalz legen. Langsam braten lassen und mehrmals vorsichtig wenden. Nach ca. 15 Min. die Temperatur erhöhen, damit die Haut schön knusprig wird. Nachdem beide Seiten gut angebraten sind, die Forelle vorsichtig herausnehmen und auf einen Teller legen. Mit Zitronenecken, Zitronenscheiben und Petersilie garnieren und mit zerlassener Butter beträufeln. Als Beilage empfehlen sich Salzkartoffeln sowie Salate und als Getränk natürlich frisches Bodenwöhrer Weißbier.

BRAUEREI PLANK GMBH

WIEFELSDORF

Brauerei Plank GmbH

Wiefelsdorfer Straße 1
92421 Schwandorf-Wiefelsdorf

Telefon 0 94 31/5 04 50
Telefax 0 94 31/5 56 23

Hoch über dem Tal der Naab und mit einem herrlichen Blick nach Südost liegt der kleine Ort Wiefelsdorf nur wenige Kilometer von der Autobahn A 93, Ausfahrt Schwandorf Süd, entfernt.
Wiefelsdorf ist unter Weizenbier-Liebhabern ein Begriff, denn in der ortsansässigen Brauerei wird das international prämierte „Jura Weizen" – in den Ausführungen Hell, Dunkel und Leicht – in original Flaschengärung und mit feiner Hefe gebraut. Mit dem „Jura Weizen Pfiff" und dem „Jura Weizenbock" zur fünften Jahreszeit liefert die Brauerei Plank weitere Spezialitäten. Besonderes Augenmerk wird in Wiefelsdorf auf die hohe und konstante Qualität der Biere gelegt. Bei der Herstellung der Produkte werden ausschließlich heimisches Malz und Hallertauer Aromahopfen verwendet.

Als Geburtsstunde der Brauerei gilt der erste Sonntag im Oktober des Jahres 1888 als Michael Plank das erste selbst gebraute Bier ausschenkte. Kurz zuvor hatte er das so genannte „Hallergütl" inklusive Gastwirtschaft und Grund erworben und sich vorgenommen, eigenes Bier zu brauen. Die Umwandlung der Hausbrauerei in einen Betrieb mit hochwertiger Brautechnologie erforderte über die Jahre viel Einsatz und Arbeit. Trotz mancher Schicksalsschläge und schwerer Zeiten kann die Brauerei nun auf eine über 100 Jahre dauernde Brautradition zurückblicken. Zur Stärkung der Marktposition besteht seit einiger Zeit eine Kooperation mit der Schlossbrauerei Naabeck, über deren Vertrieb das „Jura Weizen" die Gastronomiebetriebe und Getränkeläden der Umgebung erreicht.

WIEFELSDORF — BRAUEREIGASTHOF PLANK

Der Brauereigasthof Plank in Wiefelsdorf liegt direkt am Naabtal-Radweg. Wer im Sommer kommt, wird bei gutem Wetter wohl bevorzugt das Biergartenambiente auf der Terrasse unter der Kastanie und der Linde genießen. An Tagen mit schlechtem Wetter bieten dagegen die Gaststube, das Bräustüberl und das Jägerstüberl – mit Platz für je 40, 30 bzw. 20 Personen – eine behagliche Gemütlichkeit, die angenehm wohltuend ist. An der liebevollen Dekoration und der feinen Tischeindeckung erkennt man Brigitte Planks Gespür, ihre Gäste herzlich willkommen zu heißen.

Seit 1994 verwöhnt ihre Küche anspruchsvolle Gaumen mit einer regional-bayerischen Küche. Passend zu jeder Jahreszeit finden saisonale Schmankerl ihren Weg auf die Teller. Der kulinarische Spezialitätenreigen fängt im Februar mit den Fischwochen an, bei denen die Fische aus heimischen Teichen, Bächen und Flüssen delikat zubereitet werden. Sobald der knackige Salat im hauseigenen Garten seine zarten Blätter in den Himmel reckt, dient er als Zutat für gut abgeschmeckte Salatkreationen. Bis Ende Juni folgen dann die Spargelwochen, bevor im Sommer die Brotzeitkarte und die Biergartenschmankerl das Geschehen in der Küche bestimmen.

Wenn die Tage kürzer werden und sich der Nebel über den Flussauen hält, dann kommt die Zeit der feinen Pilzgerichte und der Wildspezialitäten. Die Zutaten liefern die Jäger der umliegenden Wälder. Bevor sich das Jahr zu Ende neigt, versetzt der traditionelle kulinarische Weihnachtszauber die Gäste in feierliche Stimmung.

Brauereigasthof Plank

Wiefelsdorfer Straße 1
92421 Schwandorf-Wiefelsdorf

Telefon 0 94 31/6 08 89
Telefax 0 94 31/6 47 42

Ruhetage: Montag und Dienstag

ZOIGL – DAS ETWAS ANDERE BIER

Schafferhof

Burgstrasse 6
92670 Neuhaus

Telefon 0 96 81/91 71 61
Telefax 0 96 81/91 71 60

Beim Gloser

Lehnerberg 2
92670 Windischeschenbach

Telefon 0 96 81/31 70
Telefax 0 96 81/37 21

Original Zoigl-Bier gibt es nur in der nördlichen Oberpfalz. Bernsteinfarbig, untergärig, ungefiltert und mit wenig Kohlensäure. Das traditionelle Bier wird nach mittelalterlichem Recht nur in Kommunbrauhäusern gebraut. Neuhaus wurde 1415 zum Markt erhoben und erhielt zugleich das Braurecht. Damit durften alle Hausbesitzer selber Bier brauen und ausschenken. 1455 erhielten auch die Windischeschenbacher dieses Recht. Es bleibt auf immer und ewig mit Haus und Grundstück verbunden. Mit Vereinheitlichung der Rechtslage schloss man 1804 neue Sonderrechte aus, weshalb noch heute die Zahl der brauberechtigten Bürger in den Kommunbrauorten auf die Eigentümer jener Häuser beschränkt ist, die schon 1804 bestanden. Schon im Mittelalter war jeder Brauberechtigte verpflichtet, ein so genanntes „Kesselgeld", eine Art „Biersteuer", an seinen Landgrafen oder Herzog abzuführen. Heute entspricht diese Auflage der Nutzungsgebühr des Brauhauses; es ist etwa ein vereinsähnlicher Mitgliedsbeitrag, um den Kommunbrauer bei dem Erhalt des Hauses und der Anlagen zu unterstützen. Das Besondere am Zoigl-Bier ist zunächst das Kochen des Sudes über offenem Holzfeuer. Traditionell wird dabei das geschrotete Gerstenmalz mit Brauwasser in der offenen Sudpfanne gekocht, mit Hopfen versetzt und als „Würze" erneut erhitzt. Dieser Sud gelangt in große Behälter im kühlen Keller, wo untergärige Hefe zugegeben wird, die in etwa zehn Tagen für die Gärung sorgt. Dann wird das Bier in Fässer umgefüllt und reift in einigen Wochen zu Zoigl-Bier heran. Da die Fässer dabei offen bleiben, kann die Kohlensäure während der Lagerung entweichen und es entsteht das „ungespundete" Bier.

Ist es endlich soweit, wird das Zoigl-Bier, ungefiltert und mit der Hefe, direkt aus dem Lagertank ausgeschenkt. Bedingt durch die Holzfeuerung, das offene Kühlschiff, die Hopfenzugabe, die Lagerzeit und die eigene Rezeptur schmeckt jedes Original-Zoigl anders. Und nicht unbedingt spritzig, denn es weist wenig Kohlensäure auf. Wer jedoch auf den Geschmack gekommen ist, will es nicht missen. „Am Zoigl"-gehen hat nämlich eine gesellschaftliche Komponente. Man zelebriert das Bier als Mittelpunkt einer alten Tradition, trifft sich in urgemütlichen Stuben mit Freunden und genießt hausgemachte Brotzeiten.

Einst wurde der Zoigl eines einzelnen Kommunbrauers zwei bis vier Wochen ausgeschenkt, heute wechseln sich die Zoiglwirte

NÖRDLICHE OBERPFALZ

wochenendweise ab, da das Bier durch Lager- und Kühlanlagen länger haltbar ist. Sobald das gebraute Bier trinkfertig ist, wird ein Zeichen ans Haus gehängt. Dieses Zeichen (ein Hexagramm), im oberpfälzer Dialekt „Zeigl", später „Zoicher" und schließlich „Zoigl" genannt, leitet sich vom alten Bierbrauerzeichen ab. Die sechs Ecken des Sterns entsprechen den beim Zoiglbrauen benötigten Stoffen. Ein Dreieck symbolisiert die beim Brauen wichtigen Elemente Feuer, Wasser und Luft, das andere steht für die im Mittelalter bekannten Zutaten Wasser, Malz und Hopfen. Hefe war damals noch unbekannt.

Wer die Zoiglatmosphäre erleben und erfühlen will, kann den Ausschankplan unter www.zoiglbier.de abrufen.

Der Schafferhof in Neuhaus wurde 1300 als Wirtschaftshof der Burgbesitzer erbaut, gelangte 1515 in den Besitz des Kloster Waldsassen und diente bis 1799 als Gutshof mit Bäckerei. Familie Fütterer erwarb das Anwesen vor wenigen Jahren, um es durch Restaurierung in seinem historischen Charakter zu bewahren, ohne es mit Pseudonostalgie zu überlasten, und ließ das seit 1415 vorhandene Braurecht wieder aufleben.

„Beim Gloser" in Windischeschenbach nutzen Glasermeister Martin Popp und seine Frau Hermine erst seit dem 9. Mai 2003 wieder das uralte Braurecht auf ihrem Haus. Sie sind Handwerker und Künstler; was sie entwirft, setzt er kunstfertig um. Ihre Zoiglstube mit windgeschütztem Innenhof umweht ein Hauch von Studentenkneipe, wenn sich das Sonnenlicht in den alten Fenstern des Hauses bricht und weich über die Tische aus uraltem, blankem Holz wandert, und sich das Lokal schnell füllt. Hier fühlt man sich wohl. Bei Zoiglbier, in der 110 Jahre alten Sudpfanne des Kommunbrauhauses gebraut, bei deftigen Brotzeiten, bei Zwetschgenbrand und Himmerbeergeist der ortsansässigen Brennerei Binner und einer Atmosphäre, die schöner im eigenen Wohnzimmer nicht sein kann.

BRÄUWIRT

BräuWirt

Unterer Markt 9
92637 Weiden i. d. OPf.

Telefon 09 61/4 81 33 -0
Telefax 09 61/4 81 33 -50

Der BräuWirt in der Altstadt von Weiden ist ein außergewöhnliches Wirtshaus mit großem Erlebniswert. Das ansprechend restaurierte Haus fügt sich am Marktplatz in der Nähe des Alten Rathauses in die Reihe weiterer Giebelhäuser ein. Ein Zoigl-Aushänger weist den Weg in das Anwesen, in dem seit 1993 das traditionelle Hausbier der Oberpfalz gebraut und ausgeschenkt wird. Der Zoigl (hochdeutsch: Zeiger) am Haus gab einst bekannt, ob das selbst gebraute Bier im Ausschank war.

Die Vergangenheit des Hauses lässt sich bis 1536 zurückverfolgen und erzählt von dem jeweiligen Besitzer: Handelsmann, Tuchmacher, Bürgermeister, Schreiner, Schuhmacher, Landgerichtsarzt und Obsthändler. 1990 erwarb die Familie Winkler aus Parkstein das unter Denkmalschutz stehende Haus, um mit modernster Bautechnik, handwerklichem Geschick und viel Einfühlungsvermögen diese Erlebnisbraustätte zu schaffen.

Das Herz des Hauses schlägt im Braukeller, wo in zwei glänzenden Kupferkesseln der spezielle Gerstensaft ins Leben gerufen wird: helles Zoiglbier, dunkles Zoiglbier, Zoigl-Weizen und je nach Jahreszeit Festbier oder Bockbier. An Stehtischen das frische Bier genießend, kann man hier dem Braumeister über die Schulter schauen.

Hinter dem Braukeller befinden sich der mittelalterlich anmutende Festkeller für besondere Anlässe sowie der St.-Georgs-Keller für den Alltag.

Auf vier Stockwerken bietet der BräuWirt traditionelle Gastronomie an. Im Eingangsbereich, neben der im Sommer zur Straße offenen „Markthalle", heißen Tafeln die Gäste willkommen und weisen auf die Tagesspezialitäten hin.

Der Innenhof entlang der stilvoll renovierten Altane, dem Gang zum Hinterhaus, dient im Sommer als Biergarten. In allen Räumlichkeiten des Erdgeschosses bekommt man

WEIDEN I. D. OPF.

auf die Schnelle kleine Mahlzeiten serviert. Die gemütliche „Wirtsstub'n" im ersten Stock mit Blick auf das Alte Rathaus ist das Hauptrestaurant des BräuWirts, dessen kulinarische Spezialitäten zum Teil mit Treber und Bier zubereitet werden. So mundet das Treberbrot mit Griebenschmalz, das Zoiglbiergulasch mit Brezenknödel und Salat sowie der sauer marinierte Zoiglbierkäse mit Zwiebeln und Holzofenbrot zum süffigen Bier besonders gut.

Für besondere Feiern bietet sich die „Bräuklause" im zweiten Stock an. Hier vereinen sich alle Details zu einer urigen Atmosphäre: Vom Holzboden und der Balkendecke, den denkmalgeschützten und aufwändig renovierten Fenstern, den alten Gemälden an den Wänden, den handgefertigten, rustikalen Stühlen über den alten Kachelofen bis hin zu den in Nord-Italien gewebten Tischdecken mit dezentem Logo des BräuWirts. Für Gruppen bietet der BräuWirt Führungen durch die Brauerei und das Haus inklusive Bierprobe, Breze und Erinnerungsglas an. Auf Vorbestellung richtet die Küche nach der Führung auch gerne eine Brauerbrotzeit, ein 3-Gänge-Brauermenü oder ein Sparferkelessen für alle Teilnehmer her.

Zoiglbiergulasch mit gebratenen Schoppala (Fingernudeln)

Zutaten

1,2 kg Rinderunterschale
dunkles Zoiglbier zum Einlegen
2 Metzgerzwiebeln, 2 Knoblauchzehen
1 l dunkles „BräuWirt"-Zoiglbier
1 l Brühe, 2 EL Tomatenmark
Salz, Pfeffer, Paprika (edelsüß)
Majoran, Kümmel, Curry, Butter
1 kg Kartoffeln, 2 Eier, Kartoffelstärke
Butterschmalz

Zubereitung

Fleisch ca. 2 cm groß würfeln und 36 Stunden in Zoiglbier einlegen. Zwiebeln und Knoblauch klein schneiden. Fleisch aus der Beize nehmen und im Bräter scharf anbraten. Zwiebel und Knoblauch zugeben und glasig anschwitzen. Tomatenmark zufügen und die Hitze reduzieren. Den Ansatz mit Zoiglbier ablöschen; 2 bis 3 mal wiederholen, bis eine schöne dunkelbraune Farbe entsteht. Restliches Bier und Brühe aufgießen und das Gulasch 1 1/2 bis 2 Std. bei mittlerer Hitze köcheln lassen. Nach etwa 1 Std. würzen. Das weiche Fleisch dann abschmecken und die Sauce mit Butterflocken binden. Für die Schoppala Kartoffeln schälen und 2/3 davon in Salzwasser weich kochen. Rest roh klein reiben und auspressen. Salzkartoffeln auskühlen lassen und durch eine Presse drücken. Alle Kartoffeln mit den Eier vermischen und leicht salzen. Stärke einkneten, bis ein griffiger Teig entsteht. Fingerförmige Nudeln ausrollen, in Salzwasser ca. 15 Min. ziehen lassen und in Butterschmalz goldgelb anbraten.

FISCHE IN DER OBERPFALZ

Die Karpfenteichwirtschaft im Landkreis Tirschenreuth blickt auf eine etwa 1100-jährige Tradition zurück. Die Ortenburger, ein bedeutendes Adelsgeschlecht in Ostbayern, legten die ersten Teiche im Gebiet um Tirschenreuth an. Im 12. Jahrhundert wurden die großen Stadtteiche angelegt, die Tirschenreuth bis 1808 zu einer Inselstadt machten. Ihre wahre Blütezeit erlebte die Teichwirtschaft im Mittelalter durch das Zisterzienserstift Waldsassen. Die Gründung des Klosters 1133 geht auf eine Stiftung des Markgrafen Diepold III. an den Orden der Zisterzienser zurück. Sein Anliegen, das Sumpfland seines Herrschaftsgebiets ohne große Kosten urbar zu machen, deckte sich mit dem Bestreben des Ordens, einen Ort zu finden, in dem die Rückkehr zur Innerlichkeit, die strenge Liturgie, die Handarbeit sowie die Erreichung der wirtschaftlichen Unabhängigkeit möglich waren. So ließen sich Mönche aus Thüringen im Wald, an

ARGE Fisch im
Landkreis Tirschenreuth

Mähringer Straße 7
95643 Tirschenreuth

Telefon 0 96 31/8 82 23

TIRSCHENREUTH

Die hohe Qualität der Oberpfälzer Karpfen wird durch die seit Jahrhunderten nahezu gleichgebliebene dreijährige artgerechte Aufzucht in völlig naturbelassenen Teichen bestimmt. Oberpfälzer Karpfen enthalten entgegen eines oft geäußerten Vorurteils nur wenig Fett (3 bis 5 Prozent im Filet), welches sich zudem durch einen hohen Gehalt an den für Herz und Kreislauf so wichtigen ungesättigten Omega-3-Fettsäuren auszeichnet.

Für Urlauber ist das „Land der Tausend Teiche" zu jeder Jahreszeit eine erholsame Landschaft. Alljährlicher Höhepunkt der Aktivitäten rund um den Fisch sind die „Erlebniswochen Fisch". Hier können Erwachsene und Kinder beim Abfischen der Teiche selbst aktiv werden oder einfach nur die köstlichen Karpfen (auch grätenfrei) in den verschiedensten kulinarischen Variationen genießen. Passend zu den Erlebniswochen braut die Schlossbrauerei Friedenfels ein süffiges Bier ein, welches, bernsteinfarben, vollmundig, naturbelassen und unfiltriert, als „Karpfentrunk" ideal zum heimischen Fisch mundet.

Wer sich für die Teichwirtschaft interessiert, der sollte das Oberpfälzer Fischereimuseum in Tirschenreuth besuchen. Hier kann man schauen, entdecken, beobachten und studieren. Das Museum dokumentiert Tradition und Geschichte der Flussfischerei und der Teichwirtschaft und damit die oberpfälzische Kulturlandschaft. Es gibt zudem detaillierte Einblicke in Ökonomie, Ökologie, moderne Entwicklungen und aktuelle Probleme der Teichwirtschaft sowie des Naturschutzes. Für die jungen Museumsbesucher sind die Beobachtung der Tiere und die „sprechenden Fische" eine ganz besondere Begegnung mit der Natur.

einer Straße nach Eger, am Mittellauf des kleinen Flusses Wondreb, nieder und gründeten das Kloster. Sie saßen im Wald, daher der Name „Waldsassen". Sie rodeten den Wald, legten bis ins späte Mittelalter Teiche an den flachen Fluss- und Bachauen der Region an. Das vom Reichsstift erworbene Land wurde fortan „Stiftland" genannt. Heute weist der gesamte Landkreis Tirschenreuth (im Stiftland) ca. 4000 Teiche mit einer Fläche von zusammen etwa 2 200 ha auf, das entspricht der 2,5fachen Fläche des Tegernsees. 95 Prozent der Teichflächen sind Karpfenteiche, während die restlichen 5 Prozent der Teiche im Landkreis der Forellenproduktion dienen. In den Karpfenteichen werden auch andere Fischarten als so genannte „Beifische" gehalten: Schleien, Rotaugen und Rotfedern sowie Raubfische wie Hecht, Zander und Waller. Auch bedrohte Kleinfischarten, wie etwa das Moderlieschen, der Stichling und der Gründling, und sogar der Deutsche Edelkrebs leben in den Teichen.

Wie seit Jahrhunderten werden die Oberpfälzer Karpfen auch heute noch im Einklang mit der Natur erzeugt. Drei Jahre dauert es, bis aus dem Karpfenei ein wohlschmeckender Speisekarpfen herangewachsen ist. Futtergrundlage bildet das eiweißreiche Plankton, die Kleinlebewesen des Teiches, optimal ergänzt durch heimisches Getreide, welches die Teichwirte gezielt zusetzen. Jeder Tirschenreuther Speisekarpfen mit 1,5 kg Lebendgewicht genießt geradezu paradiesische Bedingungen, denn es stehen ihm mindestens 20.000 Liter Wasser als Lebensraum zur Verfügung.

SCHLOSSBRAUEREI FRIEDENFELS

Schlossbrauerei Friedenfels GmbH

Gemmingenstraße 33
95688 Friedenfels

Telefon 0 96 83/9 10
Telefax 0 96 83/4 85

Schlossschänke Friedenfels

Gemmingenstraße 33
95688 Friedenfels

Telefon 0 96 83/92 97 88
Telefax 0 96 83/92 98 18

Der Naturpark Steinwald im südlichen Fichtelgebirge bewahrt ein Stück nahezu unberührter Natur im Herzen Europas. Die bewaldete Mittelgebirgslandschaft mit wildromantischen Felsformationen, unzähligen Waldseen, fließenden Gewässern und weitläufigen Wander- und Radwegen bietet ideale Bedingungen für alle, die im Sport Ausgleich zum Alltag suchen. Die Gemeinde Friedenfels, am Sonnenhang des Steinwaldes, war die erste Nordic-Walking-Area Deutschlands.

Der beschauliche Ort Friedenfels ist auch die Heimat der größten Brauerei des Stiftlandes. 1885 erwarb Geheimrat Dr. Gustav von Siegle, Urgroßvater des jetzigen Besitzers Eberhard Freiherr von Gemmingen-Hornberg, das Herrschaftsgut und errichtete eine Brauerei mit Mälzerei. Die Schlossbrauerei Friedenfels arbeitet heute mit modernster Brautechnologie. Der Zertifizierung als Öko-Audit-System der EU entsprechend, ist ein Umweltmanagement im Betrieb integriert, wonach der Energieverbrauch auf ein Minimum reduziert wird.

Ein eigener Tiefbrunnen ist die Quelle für das weiche, dem Pilsner ähnlichem Wasser, aus welchem die hauseigenen Bierspezialitäten gebraut werden. Neben Pils, Weizen, Hell und dem herzhaft süffigen „Zoigl Schwarzer Ritter" verwöhnt die Schlossbrauerei Friedenfels die Oberpfälzer im Herbst mit einem für die Zeit des Abfischens der großen Karpfenteiche kreierten „Friedenfelser Karpfentrunk". Dieses naturbelassene, unfiltrierte, etwas stärker als das normale Helle gebraute Bier ist von bernsteinfarbenem Ansehen und im Geschmack herrlich vollmundig. In Fässern abgefüllt, kommt es zur kulinarischen Bereicherung der „Erlebniswochen Fisch" in die Gaststätten und zu den Fischhoffesten.

Begehrte Objekte für Bierkrugsammler sind die jährlich mit einem anderen Fischmotiv verzierten Steinkrüge, die es in limitierter Auflage gibt. Bier und Karpfen, die beiden traditionsreichen Oberpfälzer Spezialitäten, finden so auch als Gebrauchsgegenstand zusammen.

Zur gemütlichen Einkehr mit gepflegtem Ausschank der Friedenfelser Bierspezialitäten ist die renovierte Schlossschänke im

FRIEDENFELS

Gebäude der Brauerei die beste Adresse. Ob im historischen Bräustüberl, im Jägerzimmer, der traditionellen Stiftsklause, dem Gastzimmer im Landhausstil oder im Saal der ehemaligen Malztenne – die Schlossschänke ist ideal für Familienfeiern und Betriebsausflüge.

Bei den Pächtern Anna und Siegfried Schulz sind auch Busgesellschaften, etwa nach einer Brauereibesichtigung, willkommen. Für ihre regional geprägte, gut bürgerliche Küche liefern die oberpfälzer Seen die Fische, der Naturpark Steinwald das Wild sowie die eigene Mutterkuhhaltung das rote Höhenvieh edle Zutaten für feine Gerichte. Beliebt sind auch die Spezialitätenwochen mit Spargel, Fisch oder Bier. Jedes zweite Wochenende im September findet in Friedenfels der traditionelle Bierwandertag statt. Wanderer erwerben dafür einen Wanderpass, um an der 10 km langen Strecke an den Verpflegungsstationen gestärkt zu werden. Im Ziel gibt es dann einen urigen Bierkrug als Belohnung.

Steinwaldforellen in Knoblauch-Kräutern

Zutaten

800 g Kartoffeln
4 Knoblauchzehen
Petersilie
Rosmarin
4 Steinwaldforellen à 250–300 g
Zitrone
Salz
Mehl
Öl
200 g Butter

Zubereitung

Die Kartoffeln schälen, halbieren und als Salzkartoffeln zum Kochen aufsetzen. Knoblauch abziehen und fein hacken. Petersilie und Rosmarin ebenfalls hacken.

Die Forellen unter fließendem kaltem Wasser säubern und trocken tupfen. Mit Zitrone beträufeln, salzen, in Mehl wenden und auf jeder Seite ca. 5 Min. bei kleiner Flamme in der Pfanne in Öl braten.
Die Butter zerlassen. In die Hälfte der Butter Knoblauch und Kräuter geben. In der anderen Hälfte der Butter die Kartoffeln anschwitzen.
Die fertigen Forellen auf Tellern anrichten und die Knoblauchbutter darüber geben. Die Salzkartoffeln dazu legen.

BIERVERKOSTUNG

𝒫rickelnd, von feinem Geschmack, anregend und erfrischend soll ein Bier sein. Ein Genuss am Abend nach getaner Arbeit, ein kühler Schluck zur Belebung. Doch Bier ist mehr als nur Durstlöscher, Bier ist wie Wein ein hochwertiges Getränk. Durch bewusste Wahrnehmung aller Sinneseindrücke können wir die Eigenschaften von verschiedenen Bieren in Worte fassen und miteinander vergleichen. Solch eine sensorische Analyse wird als Verkostung bezeichnet. Man führt sie in einem frisch gelüfteten Raum ohne Tabakgeruch durch, verzehrt salzfreies Brot zur Geschmacksneutralisierung zwischen den Proben und trägt die Ergebnisse auf einem Auswertebogen ein. Das Bier soll zur optimalen Geschmacksentfaltung eine Temperatur von 8 bis 10 °C aufweisen, und die einheitlichen Gläser mit klarem Wasser ausgespült sein. Das Einschenken erfolgt nach gleichem Schema, um den Schaum vergleichen zu können; dafür den Flaschenhals auf dem aufrecht stehenden Glas am Rand aufsetzen und das Bier frei einlaufen lassen. Bei einer so genannten Blindverkostung werden die Biere ohne Schaum in dunkle Gläser gefüllt, damit sich die Verkoster bei der Bestimmung des Geschmacks und des Geruchs nicht durch Schaum, Farbe und Trübung verleiten lassen.

Die Bierverkostung ist ein Fest für die Sinne. Das Auge nimmt die optischen Eindrücke wahr: Wie sieht der Schaum aus, hat er ein gutes Volumen, bleibt er stabil, haftet er am Glas, wie groß sind seine Poren? Welche Farbe zeigt das Bier wenn es gegen eine weiße Wand gehalten wird? Ist es hellgelb oder bernsteinfarben? Ist das Bier transparent oder trüb, von edlem Glanz?
Die Nase realisiert den Geruch, die „Blume" des Bieres. Rund 400 000 Riechzellen leiten die Eindrücke der Aromastoffe ans Gehirn weiter und wir schildern das Bukett anhand anderer, uns bekannter Gerüche. Um den Geruch wahrzunehmen, soll der Schaum im Glas schon ein wenig zerfallen sein. Man schwenkt das Glas zwei bis drei Mal um

seine Längsachse, führt es an die Nase und atmet das Aroma ein. Hier stellt sich die Frage, ob das Malz, der Hopfen oder die Hefe das Aroma prägt, ob das Bier süßlich, rauchig, eher nach Früchten wie Zitrone, Banane oder Aprikose riecht oder mehr nach Gewürzen, beispielsweise Nelken oder Kardamon.

Der Geschmack des Bieres wird im Mund wahrgenommen. Im „Antrunk" als ersten Geschmackseindruck erkundet die Zungenspitze die Geschmacksnuancen, die sich aus dem Malz und damit aus dem Stammwürzegehalt des Bieres ergeben. Am besten nimmt man nur einen kleinen Schluck Bier, drückt ihn mit der Zunge an den Gaumen und versperrt dadurch das Empfinden der Bitteren hinten im Mund. Dabei stellt sich die Frage, ob das Bier sortentypisch und vollmundig ist. Die „Rezenz" bezeichnet den Frischeeindruck des Bieres. Er ist abhängig vom Säuregehalt des Bieres (pH-Wert) und dem CO_2-Gehalt. Er wird auf der ganzen Zunge wahrgenommen, wozu man den Schluck im Mund verteilt. So kann der „Körper" erspürt werden. Beim „Nachtrunk" prüfen die Geschmacksknospen am Zungenende als letzten Eindruck, ob die Hopfenbittere zart oder intensiv zur Geltung kommt. Ein gutes Bier hinterlässt einen ausgewogenen Gesamteindruck.

Bierverkostung

Schaum:	feincremig, feinporig, haftet am Glas, kräftig, sahnig, stabil, volumenreich
Farbe:	lichthell, hell-, satt- oder goldgelb, bernsteinfarben, kupferfarben, rötlich, feurig dunkel, gold-, hell-, dunkel- oder schwarzbraun, schwarz
Klarheit:	glanzfein, blank, fast blank mit festem Hefebodensatz, opalisierend, gleichmäßig trüb
Geruch: (= Blume, Aroma, Bukett)	stark/ausgeprägt/ leicht/dezent alkohol-, hefe-, hopfen- oder malzaromatisch, fruchtig, süßlich, rauchig, würzig
Geschmack:	rein, frisch, hefe-, hopfen-, malz-, frucht- oder röstaromatisch, malzbetont, feinwürzig, fruchtig, Karamellnote, weinig, rauchig
Körper: (= Vollmundigkeit)	sortentypisch, schlank, weich, körperreich, abgerundet, wuchtig, vollmundig
Rezenz:	angenehm, mild, moussierend, spritzig, lebendig, prickelnd
Nachtrunk:	ausgewogen, rund, harmonisch, ausklingend, kräftig betont, intensiv, trocken, rasch ausklingend, feinherb, feinbitter, zart, weich
Gesamteindruck:	harmonisch, sortentypisch

DOEMENS-AKADEMIE

Doemens e.V.

Stefanusstraße 8
82166 Gräfelfing

Telefon 0 89/8 58 05-0
Telefax 0 89/8 58 05-26

Wo immer man auf der Welt ein Bier trinkt, erkennt man, ob es ein hochwertiges Produkt ist. Ist der Schaum feinporig? Ist das Bier klar? Riecht es rein? Schmeckt es vollmundig und sortentypisch? Hinterlässt der kühle Gerstensaft beim Trinken einen angenehmen Eindruck? Die Wahrnehmung dauert meist nur einen kurzen Moment, verrät aber viel über die Qualität. Denn ein gutes Bier zu brauen, erfordert umfangreiches Wissen, Beobachtungsgabe und Praxiserfahrung. Seit über 100 Jahren übernimmt die Doemens-Akademie in Gräfelfing bei München die verantwortungsvolle Aufgabe, Fach- und Führungskräfte für die Brau-, Getränke- und Lebensmittelindustrie weltweit fortzubilden.

Die 1. Münchner Brauerakademie wurde 1895 von dem Apotheker Dr. Albert Doemens gegründet. Zuvor hatte er sich in seinen Studien der neuartigen Kältetechnik sowie der Erforschung der Hefe gewidmet. Sein Anliegen war es, ein konstant gut schmeckendes Bier zu produzieren und Brauer zur Wissensvermittlung auszubilden. Seiner Firmenphilosophie „aus der Praxis, für die Praxis" folgend, hat sich die Einrichtung zu einer staatlich anerkannten Fortbildungsakademie mit ausgezeichnetem internationalen Ruf entwickelt. Den Studenten stehen u. a. die Lehrmälzerei, die Versuchsbrauerei sowie Abfüll- und Verpackungsanlagen zur Verfügung. Die Dozenten sind Fachleute, die in die Praxis gehen, bei Produktentwicklungen mithelfen, fachlich beraten, Probleme lösen und anschließend ihr erworbenes Wissen wieder in den Unterricht einfließen lassen.

An der Doemens-Akademie werden u.a. jeweils in einjähriger Studienzeit klassische Brau- und Malzmeister (HWK) sowie Betriebsbraumeister (IHK) ausgebildet. Bewerber für den 2-jährigen Studiengang zum staatlich geprüften Produktionsleiter für Brauwesen und Getränketechnik müssen eine 3-jährige Lehrzeit und eine 2-jährige Berufspraxis vorweisen. Die Kursteilnehmer setzen während ihrer Fortbildung das erworbene Wissen in Form von Übungen und Seminaren um, etwa wenn sie ein eigenes Bier herstellen und dabei alles selber machen – von der Rezeptur über den Einkauf der Rohprodukte und dem Brauvorgang bis zum Entwurf des Etiketts unter Berücksichtigung der Lebensmittelvorschriften.

Die Kursteilnehmer der Akademie führen

GRÄFELFING

ihre Versuche auch in dem akkreditierten Prüflaboratorium „Doemens-Technikum" durch, welches ansonsten Unternehmen der Lebensmittel-, Getränke- und Biotechnologieindustrie als Dienstleister zur Verfügung steht. Hier werden sowohl chemisch-technische Analysen und mikrobiologische Untersuchungen als auch Tests zur Betriebshygiene durchgeführt.

Die Doemens-Akademie versteht sich als Alma Mater und pflegt den Kontakt zu ihren Absolventen, die sich dem Bund der Doemesianer e.V. angeschlossen haben. Mit jährlich ca. 120 Seminaren und Tagungen rund ums Thema Bier bietet sie ihnen die Möglichkeit, auf dem neuesten Wissensstand von Technologie und Technik zu bleiben.

Doemens-Seminare und Tagungen werden ebenso auf Englisch durchgeführt, da auch außerhalb der Landesgrenzen große Nachfrage daran besteht. Sowohl in Brasilien als auch in China gibt es schon Schulen, die nach dem Vorbild der Doemens-Akademie das Know-how an Fachkräfte vor Ort vermitteln. Um den Wissensbedarf rund um den Globus zu stillen, bietet die Doemens-Akademie Internet-basierte Seminare unter dem Namen „Delfin" (Doemens Electronic Learning for Individual Needs) an, einer neuen e-Learning-Plattform.

Seit 2004 führt die Brauakademie Doemens in Zusammenarbeit mit der Bier IG, Österreichs größte Bierkonsumentenvereinigung, eine hochwertige und in Europa einzigartige zweiwöchige Ausbildung zum Diplom-Biersommelier durch. Ihr Ziel ist es, Bierwissen auf höchstem Niveau zu vermitteln, damit die Sommeliers Gäste und Gastronomen über das Kulturgetränk Bier beraten können. Der Biersommelier ist u. a. verantwortlich für die ausgeschenkte Bierqualität und die perfekte Präsentation des Bieres beim Gast. Er erstellt die Bierkarte, berät den Koch bei Biergerichten und organisiert den Biereinkauf. Damit soll das Image des Bieres in der Gastronomie verbessert werden.

Die Schwerpunkte des Kurses liegen in Gräfelfing auf Brauereitechnologie, Bierausschank und Verkostung, während in der österreichischen Genussakademie Schloss Mattsee die Themen Bier & Speisen, Gesundheit, Marketing und Recht im Mittelpunkt stehen.

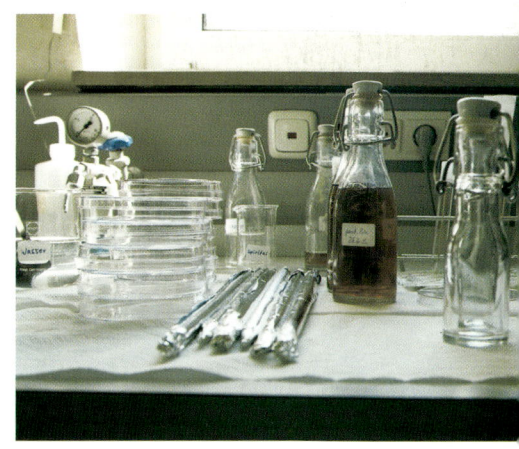

BIER UND GESUNDHEIT –

Bier ist gesund, solange man es maßvoll und verantwortungsvoll genießt. Bier ist eines der beliebtesten Getränke, Zutat für erlesene Speisen und Schönheitsmittel für reine Haut gleichermaßen. Schon die alten Ägypter wussten, dass Bier nicht nur den Durst löscht, sondern auch nahrhaft, bekömmlich und gesund ist. Es ist kein Geheimnis, dass Bier durchschnittlich 5 %-Vol.-Alkohol enthält. Doch wer es mit Vernunft und Vorsicht, zur rechten Zeit und am rechten Ort trinkt, der darf es sich ruhig schmecken lassen. Denn in Maßen genossen, wirkt Bier gesundheitsfördernd auf Körper und Seele. Mit täglich maximal 1 Liter Bier für Männer und 1/2 Liter Bier für Frauen – auf gut bayerisch: mit einer Maß bzw. einer Halben –, am besten verteilt und zum Essen, schadet man nicht seiner Gesundheit, sondern unterstützt sie mit wertvollen Stoffen. Wissenschaftler haben festgestellt, dass Personen mit moderatem Biergenuss länger aktiv bleiben, sich gesunder fühlen und mehr Spaß am Leben haben. Maßvoller Alkoholgenuss verringert Stress und Anspannung, führt zu Wohlgefühl und verringert dabei das Herzinfarktrisiko.

Die Reinheit von Bier ist seit 1516 durch das Bayerische Reinheitsgebot geregelt. Lediglich Hopfen, Malz, Wasser und Hefe dürfen verwendet werden. Bier ist somit frei von Konservierungsstoffen. Das Brauwasser steuert Mineralien bei. Das Malz liefert die leicht verdaulichen Kohlenhydrate, die der Körper schnell in Energie umwandelt, sowie wertvolle Mineral- und Spurenelemente. Bier ist reich an Kalium, Magnesium, Phosphor und Silizium sowie Zink, Selen und Eisen, und gleichzeitig arm an Natrium und Kalzium. Die Kombination von viel Magnesium und wenig Kalzium beugt Herzerkrankungen, Gallen- und Harnsteine vor. Zudem unterstützt Magnesium die Muskeltätigkeit, während sich Kalium an der Reizübertragung der Nerven und an der Blutdruckregulation beteiligt. Silizium unterstützt die Stabilität der Knochen und beugt damit der Osteoporose vor. Wie das Malz liefert auch die Hefe Vitamine der B-Gruppe, etwa die für Menschen als Mangelvitamin geltende Folsäure. Die B-Vitamine sind für eine gesunde Haut,

GENUSS IN MODERATEN MENGEN

schönes Haar, ein gesundes Nerven- und Immunsystem, das Sehvermögen und die Blutbildung verantwortlich. In unfiltrierten, naturtrüben Bieren ist der Gehalt an Hefe naturgemäß höher als in gefilterten, klaren Gerstensäften. Der Hefe ist es auch zu verdanken, dass es bei der Herstellung von Bier zu einer Gärung und damit zur Bildung von Alkohol und der für die prickelnde Frische der Biere verantwortlichen Kohlensäure kommt. Alkohol erweitert die Blutgefäße, wodurch die Durchblutung gefördert und das Herz-Kreislauf-System gestärkt wird. Außerdem erhöht er die „gute" HDL-Fraktion des Cholesterins und verringert damit die Gefahr von Arteriosklerose. Mit seinen feinen Bitterstoffen regt der Hopfen den Appetit an, wirkt entspannend und beruhigend. Ein stark gehopftes Bier am Abend fördert einen gesunden Schlaf. Die im Hopfen enthaltenen Polyphenole wirken antimikrobiell und antioxidativ. Neuesten Laboruntersuchungen zufolge werden dem im Hopfen enthaltenen, als Antioxidanz wirkenden Stoff Xanthohumol Krebs hemmende Wirkungen zugeschrieben.

Klarstellung erfordert die landläufige Meinung, der etwas füllige Magenbereich mancher Männer im gesetzten Alter würde ein „Bierbauch" sein. „Den" Bierbauch gibt es gar nicht, denn Bier an sich macht nicht dick. Bier enthält weniger Kalorien als Apfelsaft und sogar weniger als Wein. Allerdings regt Bier den Stoffwechsel an und fördert durch stärkere Magensäuresekretion den Appetit. Hier ist jeder für sich selbst verantwortlich, Bier im Rahmen einer ausgewogenen Ernährung aufzunehmen. Doch die appetitfördernde Wirkung des Bieres hat auch ihre positive Seite. Für viele ältere Menschen, die an Appetitlosigkeit leiden, ist diese Wirkung ein Segen, denn sie verspüren wieder mehr Lust am Essen.

Aufgabe der Biergenießer bleibt es also, das rechte Maß zu finden. Niemand sollte aus gesundheitlichen Gründen mit dem Biertrinken anfangen, wenn er bisher kein Bier getrunken hat. Wer jedoch schon Bier in verantwortungsvollen Mengen genossen hat, der kann sich durch die soeben aufgeführten Vorteile gestärkt fühlen, und sich weiter an seinem Bier zum Feierabend erfreuen.

Kalorienvergleich

Getränk je 100 ml	Kalorien
Leichtbier	27
alkoholfreies Schankbier	28
Lagerbier, hell	43
Pils	43
Apfelwein	45
Weißbier	46
Apfelsaft	57
Cola	57
Bockbier, hell	62
Traubensaft	70
Qualitätswein, weiß	70
Qualitätswein, rot	74
Sekt	83

BIER & BAROCK IN OSTBAYERN UND BÖHMEN

Bibliothek in der Zisterzienser-Abtei in Waldsassen

Unter seiner Marke „Bier & Barock in Ostbayern und Böhmen" vereint der Tourismusverband Ostbayern – mit seinen Regionen Bayerischer Wald, Oberpfälzer Wald, Bayerischer Jura, Niederbayern zwischen Donau & Inn sowie den historischen Städten und den „Gesunden Fünf" – die Themen Bier, Kulinarisches, Kunst und Kultur zu einem Projekt das sowohl für die Gäste Ostbayerns als auch für die einheimische Bevölkerung interessant ist. Ziel ist es, die traditionelle und gehobene Gastronomie sowie die ausgeprägte Bier- und Braukultur mit den kulturellen bzw. kulturhistorischen Besonderheiten Ostbayerns als sinnenfreudiges Erlebnis zu präsentieren. Die „Gaumenfreuden" für Körper und Geist sind ein umfangreiches Angebot für Einzelreisende, Familien und Gruppen. Das Medium für die Aktion ist die einmal jährlich erscheinende „Bierzeitung", die in kurzweiliger und informativer Weise Wissenswertes und aktuelle Angebote vorstellt. Die Initiative „Bier und Barock" bietet darin allen regionalen Brauereien und Bierstädten einen einzigartigen Rahmen für ihre Öffentlichkeitsarbeit.

Zur EU-Osterweiterung ist Ostbayern in den Blickpunkt der Öffentlichkeit gerückt. Dieses im Herzen Europas liegende Gebiet pflegt schon seit geraumer Zeit gute Beziehungen zu den Nachbarn. Aus kulinarischer Sicht war die Grenze zu Böhmen sowieso kaum wahrnehmbar, die feinen Knödel, die köstlichen Mehlspeisen und andere Schmankerl sind allseits beliebt. In Punkto Bier hat die Zusammenarbeit gar Weltruhm erlangt. 1842 folgte Josef Groll aus dem niederbayerischen Vilshofen dem Ruf aus dem böhmischen Pilsen nach einem bayerischen Braumeister. Es galt, ein „bayerisches" (untergäriges)

Kloster Speinshart

statt des dort üblichen obergärigen Bieres zu brauen. Nach wunschgemäßer Umstellung schuf Groll jedoch ein ganz neues Bier aus sehr hellem Malz und reichlich Aromahopfen. Das „Pils" war geboren und fand sehr rasch Gefallen, auch über die Landesgrenzen hinaus. In Bayern bereichert es seitdem die geschmackliche Vielfalt der Bierspezialitäten.

In Ostbayern ist Bier mehr als nur ein Getränk, es ist ein Stück Kulturgut, ein Stück Heimat. Die Wurzeln des Bierbrauens reichen hier, zum Beispiel mit Weltenburg an der Donau als älteste Klosterbrauerei, weit zurück. Das Original-Zoiglbier im Oberpfälzer Wald hat seine Ursprünge im mittelalterlichen Braurecht – ein Zeichen, ein „Zoigl", am Haus zeigt noch heute an, wann das selbst gebraute Bier genussreif ist. Der Konsolidierung zum Trotz, bewahren viele Brauereien Ostbayerns die Tradition des Bierbrauens, und neue Gasthausbrauereien folgen dem Trend, lokale Spezialitäten zu brauen.

Bier und Barock – die Kombination ist naheliegend, wurde doch einst das Brauwesen maßgeblich in Klöstern entwickelt. Als Barock wird jene Epoche der Kunst bezeichnet, in der Helden verklärt und ekstatische Frömmigkeit und weltliche Daseinsfreude mit affektgeladenen Formen zum Ausdruck gebracht wurden. Der Stil hat seinen Ursprung in Italien und entwickelte sich in Ostbayern durch die Brüder Cosmas Damian Asam (Maler, Architekt) und Egid Quirin Asam (Stuckateur, Bildhauer) zum Bayerischen Barock. Ihre sakralen Kunstwerken sind in u. a. in Amberg, Alteglofsheim, Landshut, Metten, Regensburg (St. Emmeram), Rohr, Straubing, Weltenburg sowie Kladrau und Prag-Brevnov zu besichtigen. Die gemeinsame Geschichte der Oberpfalz und Böhmen ist auch durch die Brüder Dientzenhofer geprägt. Die Baumeister wirkten in beiden Regionen eindrucksvoll und errichteten z. B. die päpstliche Basilika in Waldsassen, welche wie die weltberühmte Stiftsbibliothek der Zisterzienser Abtei einen Ausflug lohnt. Stattliche Deckengemälde mit spirituellen Themen, prachtvolle Bildnismedaillons großer Kirchenlehrer und die kunstvoll geschnitzten, lebensgroßen Holzfiguren von Karl Stilp machen den Bibliotheksraum einzigartig.

Ein weiteres Ausflugsziel ist der Bierwanderweg im Landkreis Schwandorf im Oberpfälzer Wald. Er führt auf 92 Kilometern entlang der romantischen Flusstäler von Naab und Regen, über aussichtsreiche Höhenwege, vorbei an Burgen und Schlössern – Brauereibesichtigungen und Einkehr in gemütlichen Gasthöfen mit schattigen Biergärten inklusive. Ostbayern hat noch mehr Erlebnisse zum Thema Bier zu bieten; die „Bierzeitung" des Tourismusverbandes informiert ausführlich darüber.

**Tourismusverband
Ostbayern e.V.**

Luitpoldstraße 20
93047 Regensburg

Telefon 09 41 / 5 85 39 - 0
Telefax 09 41 / 5 85 39 - 39

Kloster Weltenburg

KULINARISCHE EMPFEHLUNGEN

1. Dampfbierbrauerei Zwiesel 130
Regener Straße 9
94227 Zwiesel
Telefon 0 99 22/84 66 -0
Telefax 0 99 22/84 66 -55
www.dampfbier.de
info@dampfbier.de

Adam-Bräu 138
Kur- & Sporthotel
Bahnhofstraße 51–53
94249 Bodenmais
Telefon 0 99 24/94 00 -0
Telefax 0 99 24/94 00 -100
www.adam-braeu.de
hotel@adam-braeu.de

Altmühltaler Lamm 72
Landschaftspflegeverein VöF e.V.
Hemauer Straße 48 a
93309 Kelheim
Telefon 0 94 41/20 73 59
Telefax 0 94 41/20 73 39
www.altmuehltaler-lamm.de
www.voef.de
info@voef.de

Arbeitsgemeinschaft Fisch 164
im Landkreis Tirschenreuth
Mähringer Straße 7
95643 Tirschenreuth
Telefon 0 96 31/8 82 23
www.erlebniswochen-fisch.de
tourismus@tirschenreuth.de

Arbeitsgemeinschaft
Hopfenland Hallertau 48
- www.hopfenland-hallertau.de
  www.hallertauer-hopfenspargel.de
  www.hallertauer-spargelwochen.de
  www.hallertauer-hopfenwochen.de
  www.hallertauer-wildwochen.de
- Tourismusverband im
  Landkreis Kelheim e.V.
  Donaupark 13
  93309 Kelheim
  Telefon 0 94 41/68 34 -0
  Telefax 0 94 41/68 34 -10
  www.landkreis-kelheim.de

  touristik@landkreis-kelheim.de
  www.brauereikarte.de
- Landratsamt Freising
  – Wirtschaftsmarketing, Tourismus –
  Landshuter Straße 31
  85356 Freising
  Telefon 0 81 61/60 01 59
  Telefax 0 81 61/60 06 06
  www.kreis-fs.de
  tourismus@kreis-fs.de
- Elmar Stöttner
  Pressestelle des Landratsamts Landshut
  Presse- und Öffentlichkeitsarbeit, Tourismus
  Veldener Straße 15
  84036 Landshut
  Telefon 08 71/4 08 -2 25
  Telefax 08 71/4 08 -1 81
  tourismus@landkreis-landshut.de
  www.landkreis-landshut.de
- Landratsamt Pfaffenhofen a. d. Ilm
  – Tourismus –
  Hauptplatz 22
  85276 Pfaffenhofen a. d. Ilm
  Telefon 0 84 41/27 -2 59
  Telefax 0 84 41/27 -2 55
  www.landkreis-pfaffenhofen.de
  tourismus@landratsamt-paf.de

Bayerischer Brauerbund e.V. 12
Oskar-von-Miller-Ring 1
80333 München
Telefon 0 89/28 66 04 -0
Telefax 0 89/28 66 04 -99
www.bayerisches-bier.de
info@bayerisches-bier.de

Beim Gloser 160
Lehnerberg 2
92670 Windischeschenbach
Telefon 0 96 81/31 70
Telefax 0 96 81/31 21
www.beimgloser.de
info@beimgloser.de

Böhmerwald 146
Park-Hotelanlage
93458 Warzenried/Bayer. Wald
Telefon 0 99 47/20 00
Telefax 0 99 47/20 01 40
www.hotel-boehmerwald.de
info@hotel-boehmerwald.de

Bräustüberl 54
Hopfenstraße 3
93354 Siegenburg
Telefon 0 94 44/4 53
Telefax 0 94 44/86 14
www.spaetzlewirt.de

BräuWirt 162
Unterer Markt 9
92637 Weiden i. d. OPf.
Telefon 09 61/4 81 33 -0
Telefax 09 61/4 81 33 -50
www.braeuwirt.de
info@braeuwirt.de

Brauereigasthof Eichhofen 88
Von-Rosenbusch-Straße 3
93152 Eichhofen
Telefon 0 94 04/16 62
Telefax 0 94 04/96 98 35
www.eichhofener.de
schlossbrauerei@eichhofen.de

Brauerei-Kultur-Museum 120
Gut Riedelsbach
94089 Neureichenau
Telefon 0 85 83/9 50 40

Brunner Hof 150
Landhotel – Gasthaus
Kirchgasse 13
93473 Arnschwang
Telefon 0 99 77/2 57
Telefax 0 99 77/83 56
www.brunner-hof.de
info@brunner-hof.de

Bürgerbräu AG 28
Am Brunnen 2
85283 Wolnzach
Telefon 0 84 42/95 55 14

Deutsches Hopfenmuseum	**Gierstorfer** 100	**Hofbrauhaus Keller** 40
Wolnzach 24	Metzgerei	Lankesbergstraße 5
Telefon 0 84 42/75 74	Haidauer Straße 29 a	85356 Freising
Telefax 0 84 42/71 15	93102 Pfatter	Telefon 0 81 61/93 88 00
www.hopfenmuseum.de	Telefon 0 94 81/16 61	Telefax 0 81 61/93 88 01
info@hopfenmuseum.de	Telefax 0 94 81/16 71	www.hofbrauhauskeller.de
	www.gierstorfer.de	info@hofbrauhauskeller.de
Doemens-Akademie 170	Metzgerei.Gierstorfer@t-online.de	
Doemens e.V.	Filialen in Regensburg:	**Hopfen-Apotheke** 30
Stefanusstraße 8	• Donaueinkaufszentrum	Marienplatz 13
82166 Gräfelfing	1. Flur, Mall B	85290 Geisenfeld
Telefon 0 89/8 58 05 -0	Telefon 09 41/4 67 27 44	Telefon 0 84 52/73 05 22
Telefax 0 89/8 58 05 -26	• Galgenbergstraße 5	Telefax 0 84 52/73 05 23
	Telefon 09 41/7 38 21	www.hopfen-apotheke.de
Drachenstich Festspiele e.V. 148	• Burgunder Straße 4	mail@hopfen-apotheke.de
Stadtplatz 4	Telefon 09 41/70 95 94	
93437 Furth im Wald		**Hopfenkeramik** 65/181
Telefon 0 99 73/5 09 70	**Goldener Engel** 102	Marianne Freitag
Telefax 0 99 73/5 09 85	Gasthaus	Innerer Ring 24
www.drachenstich.de	Oberer Stadtplatz 6	84048 Mainburg
drachenstich@furth.de	94469 Deggendorf	Telefon 0 87 51/81 03 13
	Telefon 09 91/47 67	Telefax 0 87 51/81 03 14
Eickelmann 32	Telefax 09 91/3 79 06 67	
Gärtnerei	www.goldenerengel-deggendorf.de	**Hopfenpflanzerverband**
Krankenhausstraße 11	goldener_engel@goldmail.de	**Hallertau e.V.** 26
85290 Geisenfeld		Haus des Hopfens
Telefon 0 84 52/88 51	**Gottinger** 116	Kellerstraße 1
Telefax 0 84 52/88 82	Hotel & Appartements	85283 Wolnzach
www.eickelmann.de	Hauzenberger-Straße 10–12	Telefon 0 84 42/95 72 00
info@eickelmann.de	94065 Waldkirchen	Telefax 0 84 42/95 72 70
	Telefon 0 85 81/98 20	www.german-hops.org
Eisvogel 60	Telefax 0 85 81/98 24 44	weingarten@german-hops.org
Gasthof und Hotel	www.hotel-gottinger.de	
An der Abens 20	hotel.gottinger@t-online.de	**Hopfenveredlung St. Johann**
93333 Bad Gögging		**GmbH & Co. KG** 52
Telefon 0 94 45/96 90	**Gräfliches Hofbrauhaus**	Mainburger Straße 15
Telefax 0 94 45/84 75	**Freising GmbH** 38	93358 St. Johann/Hallertau
www.hotel-eisvogel.de	Mainburger Straße 26	Telefon 0 94 44/87 80
info@hotel-eisvogel.de	85356 Freising	Telefax 0 94 44/87 81 78
	Telefon 0 81 61/60 10	www.hopfenveredlung.de
Familienbrauerei Jacob 156	Telefax 0 81 61/6 83 09	contact@hopfenveredlung.de
Brauerei-Gasthof	www.hofbrauhaus-freising.de	
Ludwigsheide 2	info@hofbrauhaus-freising.de	**Hopfenzupfermeisterschaft** 56
92439 Bodenwöhr		Markt Siegenburg
Telefon 0 94 34/94 10 -0		Marienplatz 13
Telefax 0 94 34/94 10 -66		93354 Siegenburg
www.brauerei-jacob.de		Telefon 0 94 44/97 84 -0
brauerei-jacob@t-online.de		Telefax 0 94 44/97 84 -24
		www.siegenburg.de

KULINARISCHE EMPFEHLUNGEN

Joska Crystal
GmbH & Co KG — 136
Am Moosbach 1
94249 Bodenmais
Telefon 0 99 24/77 90
Telefax 0 99 24/17 96
www.joska.com
verkauf@joska.com

Kamm-Bräu — 114
Traditionsgasthof-Hotel
Bräugasse 1
94579 Zenting
Telefon 0 99 07/89 22 -0
Telefax 0 99 07/89 22 -31
www.kamm-braeu.de
kamm-braeu@t-online.de

Klosterschenke Weltenburg — 66
Asamstraße 32
93309 Kelheim-Weltenburg
Telefon 0 94 41/67 57 -0
Telefax 0 94 41/67 57 -25
www.klosterschenke-weltenburg.de
info@klosterschenke-weltenburg.de

Kneitinger — 94
Brauerei-Gaststätte
Am Arnulfsplatz 3
93047 Regensburg
Telefon 09 41/5 24 55
Telefax 09 41/5 99 99 82
www.knei.de
info@knei.de

Kochender Bürgermeister — 132
Thomas Müller
Anton-Pech-Weg 2
94252 Bayerisch Eisenstein
Telefon 0 99 25/94 03 14
Telefax 0 99 25/6 56
www.kochender-buergermeister.de
buergermeister@bayerisch-eisenstein.
landkreis-regen.de

Kötztinger Pfingstritt
Kötztinger Rosstag — 140
Kurverwaltung und
Tourist-Information Kötzting
Herrenstraße 10
93444 Kötzting
Telefon 0 99 41/60 21 50
Telefax 0 99 41/60 21 55
www.koetzting.de
tourist@koetzting.de

Krieger — 90
Hotel-Gasthof
Naabstraße 20
93186 Pettendorf-Mariaort
Telefon 09 41/8 42 78
Telefon im Hotel 09 41/8 10 80
Telefax 09 41/89 21 24
www.gasthof-krieger.de
gasthof@gasthof-krieger.de

Krieger's Bräustüberl — 76
Gasthof
Mühlstraße 37 b
93339 Riedenburg
Telefon 0 94 42/15 00
Telefax 0 94 42/15 06
kriegers.braeustueberl@web.de

Landshuter Hof — 42
Hotel-Restaurant
Löschenbrandstraße 23
84032 Landshut
Telefon 08 71/9 62 72 -0
Telefax 08 71/9 62 72 -37
www.landshuter-hof.de
info@landshuter-hof.de

Lang Bräu Freyung — 116
Langgasse 2
94078 Freyung
Telefon 0 85 51/57 76 -0
Telefax 0 85 51/57 76 -26
www.lang-braeu-freyung.de
lang-braeu-freyung@t-online.de

Lindner-Bräu — 140
Brauerei-Gasthof
Weißenregener Straße 4
93444 Kötzting
Telefon 0 99 41/14 29

Luise Händlmaier
GmbH & Co KG — 98
Eschenbacher Straße 2
93057 Regensburg
Telefon 09 41/6 95 54 -0
Telefax 09 41/6 95 54 -60
www.haendlmaier.de
office@haendlmaier.de

Lutzenburger — 33
Weinhaus
Scharfstraße 1
84048 Mainburg
Telefon 0 87 51/10 27
Telefax 0 87 51/90 00
www.hallertauer-hopfengold.de
info@hallertauer-hopfengold.de

Markt Wolnzach — 24
Marktplatz 1
85283 Wolnzach
Telefon 0 84 42/65 10
Telefax 0 84 42/65 34
www.wolnzach.de
tourismus@wolnzach.de

Mühlbauer — 148
Brauerei
Further Straße 10
93473 Arnschwang
Telefon 0 99 77/2 21
Telefax 0 99 77/90 20 14
www.brauerei-muehlbauer.de
info@brauerei-muehlbauer.de

Penzkofer — 144
Getränkehandel
Freibachstraße 1
93458 Eschlkam
Telefon 0 99 48/94 06 -0
Telefax 0 99 48/94 06 -11

Pichelsteiner Fest 128 Tourist-Information Regen Schulgasse 2 94209 Regen Telefon 0 99 21/6 04 82 Telefax 0 99 21/6 04 33 www.pichelsteinerfest-regen.de tourist-information-regen@t-online.de	**Ritterschänke Burg Randeck** 74 Gasthaus, Pension Randeck Nr. 9 93343 Essing Telefon 0 94 47/3 77 Telefax 0 94 47/2 90 www.ritterschaenke-burg-randeck.de info@burg-randeck.de	**Schlossbrauerei Eichhofen** 86 Von-Rosenbusch-Straße 8 93152 Eichhofen Telefon 0 94 04/9 54 50 Telefax 0 94 04/51 20 www.eichhofener.de schlossbrauerei@eichhofen.de
Pilger 122 Bäckerei Passauer Straße 5 94139 Breitenberg Telefon 0 85 84/9 11 33 Telefax 0 85 84/9 11 34 www.baeckerei-pilger.de info@baeckerei-pilger.de	**Schafferhof** 160 Burgstraße 6 92670 Neuhaus Telefon 0 96 81/91 71 61 Telefax 0 96 81/91 71 60 www.schafferhof-zoigl.de info@schafferhof-zoigl.de	**Schlossbrauerei Friedenfels GmbH** 166 Gemmingenstraße 33 95688 Friedenfels Telefon 0 96 83/9 10 Telefax 0 96 83/4 85 www.schlossbrauerei-friedenfels.de info@schlossbrauerei-friedenfels.de
Plank GmbH 158 Brauerei Wiefelsdorfer Straße 1 92421 Schwandorf-Wiefelsdorf Telefon 0 94 31/5 04 50 Telefax 0 94 31/5 56 23	**Schloss Ratzenhofen** 50 Georg und Hannelore Zierer Dorfstraße 32 84094 Elsendorf Telefon 0 87 53/91 00 22 Telefax 0 87 53/91 00 24 www.ratzenhofen.de info@ratzenhofen.de	**Schlossschänke Friedenfels** 166 Gemmingenstraße 31 95688 Friedenfels Telefon 0 96 83/92 97 88 Telefax 0 96 83/92 98 18
Plank 159 Brauereigasthof Wiefelsdorfer Straße 1 92421 Schwandorf-Wiefelsdorf Telefon 0 94 31/6 08 89 Telefax 0 94 31/6 47 42 www.stadtschwandorf.de/extern/ brauereigasthof-plank.htm brauerei-gasthof-plank@t-online.de	**Schlossbräu Mariakirchen** 108 Obere Hofmark 3 94424 Arnstorf-Mariakirchen Telefon 0 87 23/97 88 90 Telefax 0 87 23/97 88 98 www.schlossbraeu-mariakirchen.de	**Schmidmayer Bräu** 54 Hopfenstraße 3 93354 Siegenburg Telefon 0 94 44/97 22 22 Telefax 0 94 44/97 21 56 www.spezialitaetenbrauerei.de info@schmidmayer.de
Riedenburger Brauhaus 76 Michael Krieger KG Hammerweg 5 93339 Riedenburg Telefon 0 94 42/6 44 Telefax 0 94 42/31 26 www.riedenburger.de info@riedenburger.de	**Schlossbrauerei Au-Hallertau** 20 Willibald Freiherr Beck von Peccoz GmbH & Co KG Schlossbräugasse 2 84072 Au i. d. Hallertau Telefon 0 87 52/8 63 -20 Telefax 0 87 52/8 63 -2 30 www.auerbier.de info@auer-bier.de	**Schneider Weisse** 68 G. Schneider & Sohn GmbH Private Weissbierbrauerei Emil-Ott-Straße 1–5 93309 Kelheim Telefon 0 94 41/70 50 Telefax 0 94 41/70 51 90 www.schneider-weisse.de info@schneider-weisse.de
	Schlossbräukeller Au-Hallertau 22 Schlossbräugasse 2 84072 Au i. d. Hallertau Telefon 0 87 52/98 22 Telefax 0 87 52/86 90 22 www.schlossbraeukeller.de	**Sitter Bräu** 118 Landgasthof – Hausbrauerei Gut Riedelsbach 94089 Neureichenau Telefon 0 85 83/96 04 -0 Telefax 0 85 83/96 04 -13 www.sitterbraeu.de www.gut-riedelsbach.de info@gut-riedelsbach.de

Kulinarische Empfehlungen

Sperber Bräu 78/80
Brauerei-Gasthof-Hotel
Rosenberger Straße 14
92237 Sulzbach-Rosenberg
Telefon 0 96 61/87 09 -0
Telefax 0 96 61/87 09 -77
www.sperberbraeu.de
info@sperberbraeu.de

STADTMAUS GmbH 96
Thundorferstraße 1
93047 Regensburg
Telefon 09 41/5 99 92 55
Telefax 09 41/5 99 95 05
www.stadtmaus.de
kontakt@stadtmaus.de

Tiermuseum Pfeifer 134
Arberseestraße 2
94252 Regenhütte
Telefon 0 99 25/90 33 09
Telefax 0 99 25/90 33 08
www.tiermuseum.com
info@tiermuseum.com

Tourismusverband
Ostbayern e.V. 174
Luitpoldstraße 20
93047 Regensburg
Telefon 09 41/5 85 39 -0
Telefax 09 41/5 85 39 -39
www.bier-und-barock.de
info@ostbayern-tourismus.de

Wadenspanner 46
Gasthof
Kirchgasse 2
84032 Altdorf
Telefon 08 71/9 32 13 -0
Telefax 08 71/9 32 13 -70
www.wadenspanner.de
info@wadenspanner.de

Waldschlößl 142
Waldschlößlstraße 12
Höllhöhe
93453 Neukirchen b. Hl. Blut
Telefon 0 99 47/12 06
Telefax 0 99 47/24 41
www.hotel-waldschloessl.de
hotel.waldschloessl@t-online.de

Wasner 110
Gasthof
Passauer Straße 9
84364 Bad Birnbach
Telefon 0 85 63/8 71
Telefax 0 85 63/5 23
bad.birnbach@gasthof-wasner.de

Weißes Brauhaus zu Kelheim 70
Emil-Ott-Straße 1–5
93309 Kelheim
Telefon 0 94 41/34 80
Telefax 0 94 41/34 49
Brauhaus-Kelheim@t-online.de

Weißes Roß 82
Am Kirchberg 1
92278 Illschwang
Telefon 0 96 66/13 34 und 13 35
Telefax 0 96 66/2 84
www.weisses-ross.de
weisses.ross@asamnet.de

Weißwurst-Seminar 103
Roman Fischer
Eichendorffstraße 7
94447 Plattling
Telefon 0 99 31/90 79 90
roman.doris.fischer@VR.Web.de
Tourist-Info Deggendorf
Telefon 09 91/2 96 05 35

Zum Bay 148
Gasthof
Bayplatz 5
93437 Furth im Wald
Telefon 0 99 73/43 34
Telefax 0 99 73/43 74
www.bay-gastro.de
Bay-Gastro@t-online.de

Zum Bürgerbräu 28
Gaststätte
Am Brunnen 1 b
85283 Wolnzach
Telefon 0 84 42/95 65 76
Telefax 0 84 42/95 65 78
buergerbraeu-wolnzach@t-online.de

Zum Kuchlbauer 58
Brauerei-Gasthof
Am Stadtplatz 2
93326 Abensberg
Telefon 0 94 43/14 84
Telefax 0 94 43/90 31 88
www.gasthof-kuchlbauer.de
info@gasthof-kuchlbauer.de

Zur Linde 44
Gasthaus
Hauptstraße 23
84432 Hohenpolding
Telefon 0 80 84/25 77 -0
Telefax 0 80 84/25 77 -27
www.iivs.de/hohenpolding/firmen/
linde/index.html
gasthaus.zur.linde@vrweb.de

Zur Post 144
Gasthof
Waldschmidtstraße 14
93458 Eschlkam
Telefon 0 99 48/7 51
Telefax 0 99 48/2 19

VERZEICHNIS DER REZEPTE

Abensberger Spargel mit hausgemachtem Altmühltaler Lammschinken, neuen Kartoffeln und geklärter Butter	59
Aventinus-Sabayon auf Walnusseis	71
Bachsaibling mit Flusskrebsen auf Brennnessel-Spinat	83
Biergulasch	119
Bodenmaiser Weißbiersuppe mit Dinkel-Thymian-Nockerln	139
Budweiser Bierfleisch mit Wildreis	135
Das Beste vom Spanferkel auf karamellisierter Weißbierjus	41
Doppelbock aus Maxiatorbeize mit Desperados-Polenta und Guinness-Bananen-Chutney auf Suff/Katergemüse und Edelstoffsauce	143
Eisensteiner Schweinebraten vom Schwäbisch Häll'schen Landschwein mit Dampfbiersauce	133
Eisvogel's Hopfensprossensuppe	61
Forelle „Müllerin"	157
Gebeizte Mufflonmedaillons mit Wacholderbutter und Beeren-Pfefferschaum	147
Gefüllter Lammrollbraten an Zitronenthymiansauce	75
Gemüsetimbale mit Pfifferling-Austernpilzragout und Kräuter-Semmelknödel	151
Hausmacher-Sülze	117
Hopfenspargelsalat mit Altmühltaler Lammschinken an Bierdressing	105
Kalbsbries-Milzwurst mit Hopfazupfasalat	29
Kresseomelett mit Spargel	55
Kronenbraten „Sperber-Bräu"	81
Laiberl von Lachsfilet und Zander	43
Lammrücken unter der Kräuterkruste	77
Mariniertes Bachforellenfilet auf frischen Gartensalaten	115
Matjes-Heringsfilet mit Sauerrahm, Äpfeln, Zwiebeln und Dampfkartoffeln	67
Milchlammschlegerl, im Heu gebraten	149
Niederbayerisches Kartoffelbrat'l mit Brezenknödel und Sauerkraut	47
Oberpfälzer Wildschweinbraten	91
Ochsenbrust mit Karotten-Kohlrabi-Gemüse, frisch geriebenem Meerrettich und Salzkartoffeln	95
Recept deß Pichelsteinermahles de anno 1874	129
Rehbraten	141
Saibling im Pilsbackteig mit Tomatensauce und Reistimbale	89
Schlossbraten	23
Steinwaldforellen in Knoblauch-Kräutern	167
Tira-mi-su von dunklem Weißbier auf Erdbeerragout	45
Waldschmidt-Teller	145
Zoiglbiergulasch mit gebratenen Schoppala (Fingernudeln)	163

Hopfenkeramik

ISBN 3-8295-6416-3

ISBN 3-8295-6402-3

ISBN 3-8295-7309-X

ISBN 3-8295-7301-4

Kulinarische Entdeckungsreisen ...
... durch die schönsten Urlaubsregionen

ISBN 3-8295-7310-3

ISBN 3-8295-6413-9

ISBN 3-8295-6417-1

ISBN 3-8295-6423-6

ISBN 3-8295-6419-8

ISBN 3-86528-300-4

ISBN 3-8295-7303-0

ISBN 3-8295-7302-2

ISBN 3-8295-7304-9

ISBN 3-8295-7308-1

ISBN 3-8295-6420-1

ISBN 3-8295-6421-X

Im Herbst 2004

Erscheinen…

Silke Martin / Brigitte Offenberg
Eine kulinarische Entdeckungsreise durch Rheinhessen
160 Seiten, 300 Farbfotos, Rezepte und 1 Karte
ISBN 3-86528-304-7
€ *(D) 29,90, € (A) 30,70, sFr 47,80*

Udo Eckert / Mechthild Schneider
Eine kulinarische Entdeckungsreise durch Bayerisch Schwaben und das Allgäu
160 Seiten, 300 Farbfotos, Rezepte und 1 Karte
ISBN 3-86528-305-5
€ *(D) 29,90, € (A) 30,70, sFr 47,80*

Dr. Ute Paul-Prößler / Johann Scheibner
Eine kulinarische Bierreise im Herzen Bayerns
184 Seiten, 400 Farbfotos, Rezepte und 1 Karte
ISBN 3-86528-309-8
€ *(D) 29,90, € (A) 30,70, sFr 47,80*

Uta Wagner / Nadia Richardt / Regina Jacobsen
Eine kulinarische Entdeckungsreise durch Schleswig-Holstein
160 Seiten, 300 Farbfotos, Rezepte und 1 Karte
ISBN 3-86528-308-X
€ *(D) 29,90, € (A) 30,70, sFr 47,80*

Angela Liebich / Micaela Seiferth-Wilde
Eine kulinarische Entdeckungsreise durch Thüringen
232 Seiten, 500 Farbfotos, Rezepte und 1 Karte
ISBN 3-86528-302-0
€ *(D) 29,90, € (A) 30,70, sFr 47,80*

Cornelia Haller / René Paetow
Eine kulinarische Entdeckungsreise durch Oberösterreich und das Salzburger Land
232 Seiten, 500 Farbfotos, Rezepte und 1 Karte
ISBN 3-86528-306-3
€ *(D) 29,90, € (A) 30,70, sFr 47,80*

Udo Eckert / Mechthild Schneider
Kulinarisches Reisebuch
192 Seiten, 24,6 x 27,7 cm, 400 Farbfotos, Rezepte und Karten
ISBN 3-86528-307-1
€ *(D) 29,90, € (A) 30,70, sFr 47,80*

Klaus Bednarz / Petr Blaha / Armin Faber
Spitzenweine aus Österreich
192 Seiten, 500 Farbfotos, Karten
ISBN 3-86528-303-9
€ *(D) 34,90, € (A) 35,90, sFr 55,80*

Gertrud und Eberhard Löbell / Björn Kray Iversen
Die kulinarische Pfalz
272 Seiten, 600 Farbfotos, Rezepte und 1 Karte
ISBN 3-86528-311-X
€ *(D) 34,90, € (A) 35,90, sFr 55,80*

Angaben für alle Titel: Hardcover – 24 x 30 cm – Fadenheftung

Alle Titel erhalten Sie bei Ihrer örtlichen Buchhandlung. Für weitere Informationen über unsere Reihe wenden Sie sich direkt an den Verlag:

UMSCHAU

Neuer Umschau Buchverlag | Maximilianstraße 35 | 67433 Neustadt/Weinstraße
Telefon 0 63 21/877-852 | Telefax 0 63 21/877-859
e-mail: info@umschau-buchverlag.de | www.umschau-buchverlag.de

IMPRESSUM

© 2004 Neuer Umschau Buchverlag GmbH, Neustadt an der Weinstraße

Alle Rechte der Verbreitung in deutscher Sprache, auch durch Film, Funk, Fernsehen, fotomechanische Wiedergabe, Tonträger jeder Art, auszugsweisen Nachdruck oder Einspeicherung und Rückgewinnung in Datenverarbeitungsanlagen aller Art, sind vorbehalten.

Gestaltung und Satz
Tischewski & Tischewski, Marburg

Reproduktionen
Lithotronic, Frankfurt am Main

Fotos
Johann Scheibner, Berlin

Texte
Dr. Ute Paul-Prößler, Siegenburg

Karte
Elsner & Schichor, Karlsruhe

Herausgeberin
Katharina Többen, Neckargemünd

Druck und Verarbeitung
Media-Print, Paderborn

Printed in Germany
ISBN 3-86528-309-8

Die Ratschläge in diesem Buch sind von den Autoren und dem Verlag sorgfältig erwogen und geprüft, dennoch kann eine Garantie nicht übernommen werden. Eine Haftung der Autoren und des Verlages für Personen-, Sach- und Vermögensschäden ist ausgeschlossen.

Besuchen Sie uns im Internet
www.umschau-buchverlag.de

Titelfotografie
Gasthof Wasner in Bad Birnbach

Wir bedanken uns für die uns freundlicherweise zur Verfügung gestellten Fotos bei:
ARGE Fisch im Landkreis Tischenreuth (S. 164/165); Armin Paul-Prößler (U4 und S. 27); Bäckerei Pilger (S. 123); Bayerischer Brauerbund e.V. (S. 10, S. 105 links, S. 106 und S. 172/173); Doemens e.V. (S. 168 bis 171); Drachenstich Festspiele e.V. (S. 148 oben und S. 149 oben); Erste Dampfbierbrauerei Zwiesel (S. 130 unten und S. 131); Gasthof Wadenspanner (S. 46 und S. 46/47); Gasthof und Hotel Eisvogel (S. 161 links oben und unten); Gräfliches Hofbrauhaus Freising (S. 139 oben); Hotel-Appartements Gottinger (S. 117 oben); Landhotel Brunner Hof (S. 151 unten); Luise Händlmaier GmbH & Co KG (S. 98 oben); Martin Gabriel (S. 75 rechts); Mechthild Schneider (S. 14 rechts); Michael Krieger KG (S. 76); Schmidmayer Bräu (S. 54 und S. 55 Mitte); Sperber Bräu (S. 78 unten und S. 81); STADTMAUS GmbH (S. 97); Tourismusverband Ostbayern (S. 14 links und S. 174/175); Weißes Roß (S. 83 unten)

Für das Rezept auf der Seite 105 bedanken wir uns bei Hans-Peter Rickinger von der Brauereigaststätte „Zum Kuchlbauer" in Abensberg.

K-3D Graphic, Dietmar Kumpf, www.k-3d.de, danken wir für den auf dem Cover verwendeten Auszug aus dem Logo „Hallertauer Hopfensparel".